Geschichten verstehen und bewerten
Eine kleine Einführung in die Erzählkunst

I0016420

Albrecht Behmel

GESCHICHTEN VERSTEHEN UND BEWERTEN

Eine kleine Einführung in die Erzählkunst

ibidem-Verlag
Stuttgart

Bibliografische Information der Deutschen Nationalbibliothek
Die Deutsche Nationalbibliothek verzeichnet diese Publikation in der
Deutschen Nationalbibliografie; detaillierte bibliografische Daten sind im
Internet über http://dnb.d-nb.de abrufbar.

Bibliographic information published by the Deutsche Nationalbibliothek
Die Deutsche Nationalbibliothek lists this publication in the Deutsche Nationalbibliografie;
detailed bibliographic data are available in the Internet at http://dnb.d-nb.de.

∞

Gedruckt auf alterungsbeständigem, säurefreien Papier
Printed on acid-free paper

ISBN: 978-3-8382-1249-4

© *ibidem*-Verlag
Stuttgart 2018

Alle Rechte vorbehalten

Printed in the EU

Inhaltsverzeichnis

Einleitung   7

Bausteine der Realität   9

Geschichten als Artefakte   15

Warum gibt es Geschichten?   18

Der Wettbewerb der Geschichten   20

Erzähltraditionen der Kulturen   26

Storytelling kann man lernen   43

Storytelling kann man nicht lernen   49

Storytelling ist Kommunikation   52

U- und E-Kultur   61

Sequels und Prequels   64

Perspektiven   74

Witze und Tabus   78

Genres   84

Geschichten verändern sich   86

Wann sind Geschichten wertvoll?   89

Konflikt der Tugenden   92

Natur und Technik   95

Figuren   98

Archetypen   105

Eine Matrix für literarische Figuren   107

Welten und Reisen   112

Erzählstimmen   114

Titel einer Geschichte   117

Anfänge von Geschichten   119

Schluss einer Geschichte   121

Kommerzielle Geschichten   123

Professionelle Schriftsteller   126

Die deutsche Filmförderung   129

Das "Epische Theater" auf der Leinwand   134

Der deutsche Film als "Entwicklungsland"   136

Evolution von Geschichten und Figuren   138

Verbotene Geschichten   146

Umstritten, indiziert und redigiert   149

Literaturangaben   151

Einleitung

Wir sind von Geschichten umgeben. Jeden Tag kommen neue Filme, Gerüchte, Bücher, Witze und Erzählungen hervor und wir müssen damit zurechtkommen, wenn wir uns für die Urheber interessieren. Mit Geschichten zurechtkommen bedeutet mehr als ihnen zuzuhören. Wir müssen sie verstehen und einordnen, bewerten und, wenn es sinnvoll ist, sie uns merken.

Es gibt kommerzielle Geschichten, private, ideologisch motivierte, wozu auch religiöse Geschichten gehören können, es gibt motivierende Geschichten und abschreckende, es gibt informative und verwirrende Geschichten. Je nach Motivation der Erzähler beeinflussen sie unsere Haltung und unsere Stimmung.

Dieses Buch soll dabei helfen, Geschichten aus professioneller Perspektive zu sehen und zu bewerten, das Umfeld, aus dem heraus sie entstanden sind, einzuordnen und die Motivation eines Erzählers zu identifizieren.

Geschichten waren schon immer ein wirkungsvolles Machtinstrument, und seit den Gesängen Homers und Vergils haben sich Urheber Gedanken darüber gemacht, wie sie ihre Geschichten möglichst effektiv platzieren können. Gerichtsprozesse, Parlamentsdebatten, Werbekampagnen und Propagandafeldzüge gab es bereits zu Zeiten des Hamurabi und im alten Ägypten.

In den folgenden Überlegungen zum Thema "Geschichtenerzählen" sind einige dieser uralten Techniken vor allem anhand moderner Beispiele wie Film und TV-Serien aufgezählt.

Zürich im Mai 2018,
Albrecht Behmel

Bausteine der Realität

Mit Geschichten erschaffen sich Menschen Welten - erfundene und reale. Durch Erzählungen können über Generationen hinweg Werte und Ziele vermittelt werden. Dadurch entsteht Gemeinschaft und durch Gemeinschaft entsteht Macht. Geschichten berichten von Glaubensinhalten, wie im Fall der griechischen Mythen oder der Weihnachtsgeschichte; sie stellen reale politische Ziele und Kämpfe dar wie das Nibelungenlied; sie berichten von Gewissenskonflikten wie bei Doktor Faust oder in den Sagen von König Arthur.

Das Wort "Geschichte" ist verwandt mit dem Verb "geschehen". Geschichten beschreiben angeblich "Geschehenes", aber sie sind immer zumindest in Teilen konstruiert und folgen fast nie dem, was tatsächlich einst vorgefallen ist. Auch bei "wahren Geschichten" ist dies so. Geschichten sind in Bezug auf Fakten so zuverlässig wie Augenzeugenberichte in Bezug auf Tathergänge - also nicht sehr. Dennoch sind sie oft das einzige Element, über das wir verfügen, wenn es um die Rekonstruktion der Vergangenheit geht. Auch, wenn Geschichten eingesetzt werden, um eine Zukunft zu entwerfen, sind sie häufig das einzige, über das wir verfügen, wie zum Beispiel in Elon Musks Plänen, den Mars zu besiedeln.

Bei all dem spielt es eine erstaunlich geringe Rolle, ob es sich um rein erfundene, phantastische Geschichten handelt, oder um mehr oder weniger historische Begebenheiten oder konkrete Zukunftsvisionen, die freilich fast immer ausgeschmückt oder zumindest "interpretiert" werden. Man kann beinahe sagen, dass sich reale Geschichten und erfundene auf halber Strecke begegnen: Reale Geschichten werden literarisiert, erfundene Geschichten werden der Realität angepasst in der Hoffnung, sie glaubhafter zu machen.

Oftmals ist es so, dass Geschichten von ihren Urhebern ganz bewusst an große Namen geknüpft werden, um ihre Glaubwürdigkeit zu steigern. Das gleiche geschieht mit Zitaten. Sie wirken stärker, wenn sie von ausgewiesenen Autoritäten stammen. Das Internet ist voll von Zitaten, Memes, von Einstein, Gandhi oder Martin Luther King, die in Wirklichkeit von anderen Leuten stammen.

Zitate oder Anekdoten funktionieren dann gut, wenn sie mit einer Person zu tun haben, die man zu kennen glaubt. Dabei ist es weniger wichtig, ob diese Vertrautheit aus dem realen Leben stammt oder daher, dass diese Figur immer wieder in den Medien erscheint. So glaubt man, Einstein zu kennen, Mozart oder Moses. Dabei vergessen wir oft, dass wir, etwa in den beiden letzt genannten Fällen nicht einmal wissen, wie die betreffenden Menschen genau aussahen.

Warum hören Menschen gerne Geschichten? Zum einen helfen sie, Inhalte zu vergegenwärtigen. Es fällt leichter, eine Geschichte im Gedächtnis zu behalten als Fakten. Geschichten zu hören ist mit Kindheitserinnerungen verbunden. Viele große Erzähler und Erzählerinnen nehmen daher bewusst einen großväterlichen oder großmütterlichen Habitus ein. Das ist wirksam, denn Geschichten zu erzählen ist ein Privileg der Überlebenden. In der Vorzeit, als es schon Geschichten aber noch keine Bücher gab, waren Geschichten überlebenswichtig. Durch Erzählungen wurden Gefahren und Erfolge lebendig gehalten. Wer Gefahren überstand, konnte und musste davon berichten. Das machte den Erzähler automatisch zu einem sozial wichtigen Teil der Gemeinschaft. Bis heute hat sich das so erhalten, allerdings mit einem tragischen Twist zu Ungunsten der Schriftsteller. Heute genießen vor allem die großen Schauspieler den Ruhm der Überlebenden. Dies drückt sich auch in den gigantischen Gagen der Stars aus. Wenn wir im Kino sitzen, fällt es uns leicht, die Tatsache zu vergessen, dass es ein Drehbuch gab, das wiederum oft auf einem Roman basiert, in dem alle Handlungen und genialen Tricks der Hauptfiguren festgehalten sind. Vielmehr lässt sich das Publikum gern auf die Illusion ein, es sei tatsächlich Mark Wahlberg oder Danny Trejo, der sich aus unmöglichen Zwangslagen befreit. Ähnlich ist es mit den Geschichten mit Schwarzenegger, Brad Pitt, Bruce Willis oder anderen Heldendarstellern. Wir vergessen gern, dass sie nur die Darsteller oder auch die Produzenten sind oder, wenn sie am Drehbuch mitgeschrieben haben, dies getan haben, *bevor* gefilmt wurde.

Geschichten werden von Überlebenden erzählt. Das macht sie automatisch glaubhaft. Werden nun viele Geschichten von vielen Überlebenden erzählt, steigert sich die Glaubhaftigkeit noch mehr. Insbesondere dann, wenn die Geschichten zueinander nur bedingt widersprüchlich sind. Eine kleine Brise Widerspruch ist dabei freilich nützlich, denn sie regt zum Nachdenken an. Zum Beispiel im Fall der kleinen Zeitmaschine im dritten Band von Harry Potter. Warum kamen diese Geräte eigentlich nicht schon früher zum Einsatz, etwa, um den bösen Zauberer Voldemort zu stoppen oder seine Opfer zu retten? Wenn es dem Publikum gelingt, sich selbst eine Antwort zu geben, zum Beispiel, dass die Zeitmaschinen nur einige Stunden Spielraum verschaffen, nicht aber Jahre, oder dass ihre Funktion auf das Gelände der Schule beschränkt ist, hat der Widerspruch sogar zum Reiz der Geschichte beigetragen. Es macht Spaß, Einwände gegen eine geliebte Geschichte zu entkräften.

Man legt stets sein natürliches Misstrauen ab, wenn man sich freiwillig einer Geschichte aussetzt. Was bei einem persönlichen Gespräch etwa im Kontext eines Geschäftstreffens sofort aufgegriffen und diskutiert würde, wird im Fall einer guten Geschichte ignoriert oder so interpretiert, dass es dem Hörvergnügen der Geschichte nicht schadet. Dies bringt für den Erzähler eine gewisse Narrenfreiheit mit sich. Allerdings endet diese, wenn der Erzähler zu viele logische Fehler begeht oder es sich beim Erzählen zu einfach macht. In diesem Fall verlassen die Zuschauer oder Zuhörer die magische Welt und beginnen, nach weiteren Fehlern zu suchen. Die Geschichte wendet sich dann gegen ihren Urheber.

Geschichten treten zumeist in Bündeln auf. Sie beschreiben zusammen eine Welt, die als mehr oder weniger einheitlich aufgefasst wird. Die Welt von Hänsel und Gretel passt zur Welt von Dornröschen oder Schneewittchen. Das Publikum empfindet die Welt der Grimm'schen Märchen als mehr oder weniger harmonisch gestaltet, obwohl die Geschichten untereinander an sich keine Berührungen haben. Das zeigt sich gut am Beispiel der Shrek Filme, wo die Märchenfiguren eine quasi einheitliche Bevölkerung stellen.

Dies reicht zurück bis zu den Heldentaten des Herkules oder den Abenteuern des Odysseus. Bei kommerziell hergestellten Geschichten, wie Star Trek oder dem Marvel-Universum ist es ähnlich. Geschichten muss man pluralisch denken. Erst die gesamten Arbeiten des Herkules ergeben eine mythologische Aussage; erst die gesammelten Abenteuer des Superman erschaffen einen Mythos.

Darauf basieren TV-Serien wie Friends genauso wie die Berichte aus der Bibel: Einzeln unterhalten sie; zusammen ergeben sie einen Sinn. Die moralischen Werte der TV-Serie sind: Solidarität und Geduld mit Freunden; Familiensinn und Treue, Häuslichkeit und Verlässlichkeit, aber auch die Tugend, niemals aufzugeben und seine Freunde und Nachbarn nie im Stich zu lassen; Ehrlichkeit und Toleranz gegenüber gewissen menschlichen Schwächen. In den Gleichnissen des Neuen Testaments ist es ähnlich: Erst zusammen ergeben sie die zentrale theologische Aussage von Gottvertrauen, Bescheidenheit, Nächstenliebe und Geduld; Leidensfähigkeit und die Hoffnung auf das Himmelreich und das ewige Leben. Welche einzelne Geschichte könnte dies leisten?

Dokumentarfilme funktionieren oft ähnlich, zum Beispiel, wenn Augenzeugen zu Wort kommen, die miteinander nichts gemeinsam haben außer der Tatsache, dass sie eben Zeitgenossen eines Moments sind: Feldpostbriefe, Berichte aus der Zeit der Kreuzzüge und der großen Pest oder die Erzählungen der Überlebenden von Schiffsuntergängen. Gemeinsam ergeben sie ein mehr oder weniger stimmiges Bild. Geschichten brauchen verschiedene Stimmen.

Wenn Unternehmen ihre Marken ausbauen, verwenden sie diese Mechanismen ganz bewusst, um Gemeinschaft zu stiften. Red Bull veranstaltet oder unterstützt spektakuläre Sportereignisse. Apple präsentiert neue Produkte in geradezu liturgischer Form. Walt Disney baut Erlebnisparks und Coca Cola fährt im Dezember mit einem eigenen Weihnachtsmann durch die Welt. Politische Parteien und Verbände eifern den Unternehmen nach. Auch sie versuchen,

Bündel von Erzählungen über sich selbst herzustellen, die von den Menschen weitergegeben werden. Organisationen müssen Erzählungen und Geschichten generieren, wenn sie als erfolgreich empfunden werden wollen. Die Kirchen, die Arbeiterbewegung, die Pfadfinder und selbst die Anonymen Alkoholiker bauen unablässig an diesem riesigen Gebäude aus Worten. Wenn sie gut konstruiert sind, geben diese Geschichten den Angehörigen der Organisationen eine Heimat. Geschichten mit sozialer Relevanz sind oft Gruppenleistungen, wobei die Gruppen immense Größe erreichen können, man denke an die Fanfiction Bewegung oder an Deviant Art.

Was bringt andererseits einzelne Menschen dazu, Geschichten zu schreiben? Eitelkeit, Angst vor dem Tod beziehungsweise Streben nach Unsterblichkeit, Missionswille und Bewältigung von prägenden Ereignissen sind sicherlich häufige Motive. Es sind die gleichen Gründe, aus denen heraus Menschen auch in anderen Kunstformen aktiv sind: Der Wunsch oder Zwang, sich künstlerisch zu betätigen, die Suche nach Schönheit oder Sinn und die Freude an der Gestaltung.

Schreiben ist eine Form des Lernens und des Denkens. Durch das Formulieren von Inhalten, gleich ob es literarische oder dokumentarische Stoffe sind, erschließt sich dem Autor eine Welt, die er, wenn er mag, mit anderen teilen kann. Schreiben ist, genau wie das Programmieren, eine Lebensart, ein Life-Style, der zugleich ein Beruf sein kann. Das Geldverdienen kann zwar auch eine Motivation für das Schreiben sein, doch eine vergleichsweise schwache oder unrealistische, wenn man an die kleinen Honorare von Autoren denkt oder an die dünnen Chancen, einen Verlag zu finden. Die meisten Menschen, die schreiben, tun dies mehr oder weniger für sich selbst.

Wahrscheinlich entstehen die meisten guten Geschichten einfach aus der Neugier eines entsprechend begabten Menschen heraus. Ein Mensch mit Sprachgefühl, Einfühlungsvermögen und einem Sinn für Spannung entdeckt ein Thema, sagen wir, das Leben auf einem fernen Planeten, dessen dominante Lebensform riesige, hochintelligente Spinnen oder überlegene Primaten sind. Oder das

Leben in einem Zauberschloss, das von einem verwünschten Monster bewohnt wird; oder das Leben in einem Sanatorium für Lungenkranke oder an Bord eines Segelschiffes im Mittelmeer oder im Orientexpress. Alles weitere ist Erkundung und Erfindung, was in der Literatur oft das gleiche ist: Welche Charaktere treffen aufeinander? Welche Konflikte entstehen? Wer gewinnt? Wer verliert? Aber auch: Wie sieht die Welt aus? Was prägt diese Welt? Welche Werte hat die Gesellschaft, die in dieser Welt lebt?

Man sieht bereits an den Fragen, dass es grundsätzlich zwei Herangehensweisen an eine Geschichte gibt, nämlich einmal über die Konstruktion einer Welt gegenüber, zweitens, der Konstruktion von Figuren. Dem folgt oft eine zweite Frage, nämlich, ob die Geschichte in erster Linie eine Handlung beschreiben soll, etwa den Verlauf von Konflikten, oder aber ob sie einen Charakter beschreiben soll.

Der erste Ansatz ist in der angelsächsischen Welt stark vertreten. Der zweite Ansatz findet sich in Deutschland und Skandinavien häufiger, aber auch in Japan.

Geschichten als Artefakte

Nicht alle Geschichten sind *kommerzielle* Produkte. Sie entstehen aus den verschiedensten Gründen und haben unterschiedliche Zielrichtungen. Was sie jedoch alle verbindet ist die Tatsache, dass sie von Menschen für Menschen erschaffen wurden, genau wie andere Produkte oder Artefakte auch.

Der menschliche Geist sucht beständig nach Zusammenhängen. Das ist das Erfolgsgeheimnis unserer Spezies. Es erlaubt uns Dinge zu erträumen und an der Umsetzung zu arbeiten. Die Zusammenhänge entstehen oft nach dem Muster:

"Erst A, und dann B."

Daraus kann man beliebig lange Ketten bilden. Natürlich gibt es eine ganze Reihe von anderen Verbindungsgliedern, doch die Und-Dann-Kette ist die wichtigste. Schon kleine Kinder begreifen das, wenn sie ihre Fragen stellen: "Und dann?" Damit generieren sie eine potenziell unendliche Erzählung. Und-Dann kann auch heißen: "aber gleichzeitig" oder "und trotzdem" oder "Niemand bemerkte, dass gleichzeitig …"

Mit diesen Konjunktionen und Halbsätzen werden Ereignisse in Zusammenhänge gebracht, die sowohl zeitlich als auch kausal sind; *post hoc ergo propter hoc*, wie es auf Lateinisch heißt. Dieser alte Lehrsatz zeigt ein gängiges Missverständnis auf, nämlich die menschliche Schwäche, zwischen zwei Ereignissen, die aufeinander folgen, ein Verhältnis von Ursache-Wirkung zu sehen. Beim Geschichtenerzählen funktioniert das besonders gut, weil die Geschichte nicht von einer Kontrollgruppe begleitet wird, wie bei einem wissenschaftlichen Experiment.

Fiktive Geschichten machen sich das zunutze und stellen Ereignisse in einen engen kausalen Zusammenhang. Diese Kette von Ereignissen muss einen Sinn ergeben. Das unterscheidet die Literatur von der Wirklichkeit, die diesem Zwang nicht unterliegt. Ergibt eine fiktive Geschichte keinen kausalen Sinn, wirkt sie etwas enttäuschend, wie zum Beispiel Signs (2002) oder The Village (2004) von Night M. Shyamalan.

Das Ende einer Geschichte sollte aus dem Anfang heraus folgen ohne dabei vorhersehbar zu sein. Das zu gestalten ist die Herausforderung an Erzähler seit es Geschichten gibt. Meister dieser Balance sind die großen Krimi-Autoren wie Agatha Christie und Arthur Conan Doyle, die allein durch das Genre bedingt immer kausal erzählen müssen: Wie ist es zu dem Verbrechen gekommen? Wer ist der Tat verdächtig? Wer hatte welches Motiv und welche Gelegenheit? Was ist dann passiert? Wer log aus welchen Gründen? Wie sind die Spuren zu deuten?

Sherlock Holmes geht dabei stets nach dem gleichen Muster vor: Er schließt alles aus, was nicht der Fall sein kann, bis die eine wahre Erklärung übrig bleibt, ganz gleich, wie unwahrscheinlich sie anfangs auch wirken mochte. Ähnlich gehen Spock, Data und House MD vor.

Die großen Stoffe der Weltliteratur wie Don Quixote, Faust, Robin Hood, Gulliver oder Pinocchio folgen dabei einer eigenen Logik, die mit der Logik der realen Welt mehr oder weniger kompatibel ist. "Es könnte so sein" lautet die Bedienungsanleitung dieser Geschichten. Die gängige Formulierung hierfür ist natürlich "Es war einmal…" oder, um ein weiteres Beispiel zu nennen "In a galaxy far far away".

Auch wenn es in diesen fernen Ländern, Galaxien und Königreichen Drachen, Lichtschwerter, Magie und sprechende Tiere gibt, so sind die Kausalitäten der Handlungen immer realistisch. Figuren sind austauschbar, die Gesetze der Logik nicht. Das macht sie der Öffentlichkeit zugänglich.

Je bekannter eine Geschichte wird, desto mehr Macht oder Einfluss muss ihr Schöpfer in der Regel abgeben. Der Autor einer unveröffentlichten Geschichte hat vollkommene Herrschaft über Figuren und Handlung. Sobald er sein Manuskript einem Verlag anbietet, beginnt das Spiel der Kompromisse und der Verhandlungen. Dies kann den Titel der Geschichte betreffen, das Cover, den Namen der Hauptfigur und, ein häufiges Thema, das Ende der Geschichte.

Wird eine Geschichte verfilmt, kommen weitere Kompromisse hinzu, etwa die Frage der Besetzung und der Treue zur Romanvorlage. In dem Film "What Just Happened?" mit Robert De Niro aus dem Jahr 2008 werden diese Problematiken satirisch aber sehr wirklichkeitsnah beleuchtet.

Geschichten, die jenseits einer Verfilmung wirksam sind, werden noch weiteren Kompromissen unterworfen. Die Figuren machen sich selbständig und werden zu kulturellem Allgemeingut. Man kann nur erahnen, welche Konflikte zwischen Künstlern und Managern bewältigt werden mussten, um zum Beispiel Disneyland oder andere Themen-Parks zu bauen, Spielzeuge wie die Tigerente, Actionfiguren und andere Produkte auf den Markt zu bringen. Je stärker eine Geschichte auf dem Markt ist, desto mehr Positionen entstehen in Bezug auf ihre weitere Vermarktung. Kluge Autoren geben daher immer nur ein Minimum an Einfluss auf ihre Werke auf. Kluge Produzenten versuchen, möglichst viele Rechte an einer Geschichte zu erwerben oder zu optionieren. Aus diesem Interessenkonflikt heraus entstehen manchmal wertvolle Einsichten, wie eine Geschichte besser gemacht werden kann. Geschichten können zu jedem Zeitpunkt ihrer Vermarktung verbessert werden.

Warum gibt es Geschichten?

Erzählungen sind uralt und ihre Wirkungskraft basiert darauf, dass sie zur Funktionsweise des menschlichen Geistes passen. Man könnte sagen, Geschichten spiegeln das Bewusstsein des Menschen wider und dienen damit nicht in erster Linie der Unterhaltung, sondern dem Überleben.

Geschichten wurden von Anfang an erzählt, um das Verhalten der Mitmenschen zu beeinflussen, sie zu disziplinieren und zu belehren, sie zu unterdrücken oder zu befreien. Geschichten sind Machtinstrumente, die wiederholt eingesetzt werden, bis sie nicht mehr hinterfragt werden. Legenden, Mythen und Märchen halfen bereits in vor-schriftlichen Gesellschaften das Gemeinwesen zu stärken, Feindbilder aufzubauen und für Abwehrbereitschaft zu sorgen, oder die bestehende Sozialordnung zu rechtfertigen. Man denke an die Fabel des Menenius Agrippa, dessen Fabel angeblich dazu beitrug, den Klassenkampf im Alten Rom zu beenden. Ob dies tatsächlich so geschehen ist oder nicht, spielt keine Rolle, denn allein schon die Erzählung über die Fabel und die Behauptung der Wirksamkeit ist eine eigene Geschichte mit eigener Wirkung.

Jede Kriegserklärung, jede Wahl und Nachfolge von Anführern ist von Geschichten begleitet. Jede Rückschau auf historische Ereignisse, wie die Völkerwanderung findet sich in Geschichten wieder, wie das Nibelungenlied und die Edda zu beweisen scheinen. Diese Geschichten können staatstragend oder zersetzend wirken. Auch aus diesem Grund ist das Geschichtenerzählen immer von Zensur und von Gewalt gegenüber Erzählern begleitet gewesen.

Geschichten können Menschen massiv beeinflussen und zu Dingen überreden, die sie ohne Geschichten nicht tun würden. Geschichten fokussieren die Aufmerksamkeit der Menschen auf Unmögliches, wie im Fall des Gelobten Landes und dem Auszug aus Ägypten, der bis heute nacherzählt wird und der die Israeliten in biblischer Zeit mehr oder weniger bei der Stange hielt. Selbstmordattentäter und Terroristen, die sich selbst und andere zerstören, tun dies aufgrund von Geschichten und Erzählungen. Soldaten, Krankenpfleger, Nothelfer und andere Berufe, die ein hohes Maß an Aufopferung erfordern sind begleitet von Geschichten, die die Entbehrungen und die geringe Bezahlung zu verkraften helfen.

Menschen mögen Geschichten, aber das ist nicht zwingend der Grund, warum sie erzählt werden. Sicherliche gibt es auch reine Unterhaltungsgeschichten, die dazu dienen sollen, die Zuhörer zu begeistern oder zumindest zu beschäftigen, wie im Fall der Kindersendungen im Fernsehen, die zum Großteil nicht produziert werden, um Kinder auf das Leben vorzubereiten, sondern dazu, den Eltern eine Stunde Frieden im Haus zu ermöglichen. Stünden Lernziele im Zentrum der Kinderunterhaltung, gäbe es die meisten Formate vermutlich nicht.

Geschichten dienen auch dazu, die Kompetenz des Erzählenden darzustellen und zu unterstreichen, wie im Fall der Kommentatoren von Sportereignissen, die stets bemüht sind, Hintergründe aufzuzeigen und Entwicklungen nachzuvollziehen, in anderen Worten, die Geschichten zu erzählen, die dem gegenwärtigen Turnier oder Wettkampf vorausgegangen sind. Geschichten sortieren Aufmerksamkeit und unterhalten dabei. Wie andere Werkzeuge auch, können Geschichten zum Guten wie zum Bösen eingesetzt werden, und wer sich über die Mechanik im Klaren ist, ist weniger für Manipulation anfällig.

Der Wettbewerb der Geschichten

Wie viele Bücher liest ein Erwachsener pro Jahr durchschnittlich? Wie viele davon sind Sachbücher? Wie viele Filme schaut er sich an? Wie viele davon im Kino und wie viele davon im TV oder auf seinem Handy oder Computer? Wie viele Games lädt sich ein durchschnittlicher Teenager pro Monat auf seinen Rechner, wie viele ein Erwachsener? Wie viele Kinderbücher kaufen Eltern für ihre Kleinen?

Selbst in relativ kleinen oder mittleren Sprachräumen wie dem deutschen oder dem Italienischen ist die Zahl der Neuerscheinungen pro Jahr so hoch, dass selbst professionell-spezialisierte Leser keine Chance haben, auch nur einigermaßen Schritt zu halten. In Deutschland erscheinen pro Jahr ungefähr 90.000 Bücher neu. Doch selbst diese Zahl ist im Vergleich zu der Menge der pro Jahr eingereichten Manuskripte noch sehr klein.

Der Wettbewerb der Geschichten beginnt zum Beispiel bei der Verlagssuche. Dies liegt auch daran, dass der Beruf "Schriftsteller" sich nicht klar von dem Hobby "Schriftsteller" trennen lässt. Wer ein Buch geschrieben hat, darf sich Autor nennen. Wer eine Kurzgeschichte geschrieben hat, darf sich ebenfalls Autor nennen.

Die Qualität der Manuskripte, die jeden Tag massenhaft die Lektorate von Verlagen erreichen, ist zwangsläufig weit gefächert. Selbst gute Erstlingswerke haben es daher schwer, auch nur bemerkt zu werden. Fast jeder ernsthafte Autor erhält ordnerweise Absageschreiben, wenn er sich die Mühe macht, Verlage zu kontaktieren. Die Verlage müssen sich gegen die Flut der Texte schützen. Einige tun dies, indem sie nur Ausdrucke auf Papier akzeptieren oder sehr genaue Format-Vorgaben für ihre Manuskripte machen; einige wenige akzeptieren nach englischem Vorbild nur Texte, die sie über eine Agentur erreichen. Doch alle diese Filter haben eine Schwäche: Sie betreffen nicht die Qualität der eingereichten Geschichten, denn diese ist kaum in Wort zu fassen oder in eine formale Struktur zu bringen. Deswegen müssen Verlage oft zu einer ganz simplen Verteidigungsstrategie greifen: Sie akzeptieren überhaupt keine Autoren, die sie nicht kennen, sondern erwerben Lizenzen bestimmter Bücher aus dem Ausland oder vergeben sogar Aufträge oder "Anregungen" an bereits etablierte Autoren. Die Schwelle zum professionellen Schreiben ist ohne ein Netzwerk an persönlichen Kontakten sehr hoch.

Man könnte auch sagen, dass der Wettbewerb der Geschichten sogar noch früher beginnt, nämlich im Kopf des Verfassers. Viele Autoren verfügen über eine Sammlung von Ideen für Zusammenhänge, Beobachtungen und damit letztlich Geschichten. Dies sind die klassischen Notizbücher und Zettelkästen oder, wie Kurt Tucholsky sie bezeichnete, *Schnipsel*. Georg Friedrich Lichtenberg nannte seine Notizen "Sudelbücher". Die Tradition Ideen in einem frühen Stadium festzuhalten ist uralt. Genauso uralt ist das Dilemma, welche der Ideen verfolgt werden sollten und welche nicht. Zeit ist der zentrale Faktor bei allen Entscheidungen über Investitionen. Wie viel Zeit darf oder kann ein Autor in eine Geschichte investieren, um sie von der Stufe der Ideen zur Stufe eines vorzeigbaren Manuskripts zu entwickeln? Welche der vielen Ideen hat die Chance auf Veröffentlichung? Welche der Ideen hat das Potenzial, den Verfasser lange genug zu interessieren? Welche andere Idee soll dafür nicht umgesetzt werden? Autoren, die bereits ein Portfolio haben, tun sich leichter mit diesen Entscheidungen. Je enger die thematische Bandbreite eines Schriftstellers ist, desto leichter fällt die Entscheidung ebenfalls. Am schwersten ist es für vielseitig interessierte Neulinge und Amateure.

Wenn eine Geschichte publiziert wurde, ist sie aus Sicht des Verfassers bereits gelungen. Sie hat unzählige andere Geschichten hinter sich gelassen, die nicht, nicht vollständig geschrieben oder nie publiziert werden. Aus Sicht des Verlegers jedoch ist die Geschichte noch weit vom Erfolg entfernt. *Erfolg* heißt, die Geschichte bringt Gewinn. Im Zeitalter des E-Books sind die Produktionskosten pro Titel deutlich gesunken. Dennoch kostet es nach wie vor Zeit und Geld, einen Titel effektiv zu vermarkten.

Hierbei gibt es aus der Sicht eines Verlags zwei Ziele. In einem guten Verlagsprogramm gibt es einige oder sogar mehrere Titel, die Umsatz machen. Dem gegenüber steht eine Zahl von Titeln, die wenig oder keinen Umsatz generieren, aber durch ihre Qualität oder ihre Thematik das Verlagsprogramm interessant machen und auf eine kritische Größe bringen. Die Kunden und die Wettbewerber sollen den Verlag als aktiv und wachsend wahrnehmen. Die Verkaufsschlager sind dabei nicht immer die literarisch besten Bücher. Krimis und Thriller verkaufen sich immer gut oder zumindest besser als die meisten anderen Genres. Daher ist der Wettbewerb der Krimis besonders stark und hat dazu geführt, dass sich Autoren spezialisieren mussten. In den letzten Jahrzehnten ist der "Regional-Krimi" immer beliebter geworden. Der Trend hält an, selbst wenn der literarische Ruf der Regional-Krimis nicht besonders hoch ist. Der Hintergrund für den Erfolg der Regional-Krimis liegt darin, dass sich durch die Beschränkung auf einen Teilbereich eines Sprachraums zahllose neue Nischen besetzen lassen. Eine derartige Ausdifferenzierung ist zum Beispiel bei Fantasy-Literatur nicht oder nur sehr bedingt möglich. Konkurriert ein Hamburg-Krimi mit einem Augsburg-Krimi in der gleichen Weise, wie zwei Teenager-Vampir-Romane miteinander konkurrieren? Muss ein Leser aus Augsburg etwas über Hamburg wissen, um einen Krimi zu genießen, der dort spielt? Muss dieses Wissen so gut sein oder sogar besser als das Wissen, das ein normaler Mensch über Vampire hat? Geschichten konkurrieren um die Aufmerksamkeit der Leser, Zuhörer oder Zuschauer. Der Mechanismus ist immer der gleiche, ob es sich um Witze am Stammtisch oder um Blockbuster mit gigantischen Budgets handelt. Wer eine Geschichte in die Öffentlichkeit hinein entlässt, will ein bestimmtes Maß an Aufmerksamkeit erreichen. Wer einen Witz erzählt, will Gelächter hören; wer einen Blockbuster auf den Markt bringt, will oder muss Gewinn machen. Witze in einer Bar konkurrieren dabei natürlich nicht mit den Blockbustern, sondern nur untereinander. Die Blockbuster auf der anderen Seite konkurrieren jedoch sehr wohl mit allen anderen Medien, die ähnlich konsumiert werden können, beziehungsweise für die ähnlich viel Zeit aufgebracht werden muss.

Konsumenten von Geschichten entscheiden bei ihrer Wahl oft nach asymmetrischen Gesichtspunkten, also zum Beispiel nach der Frage, wie eine Familie einen Abend verbringen will, vor dem Fernseher, mit einem Film *on demand*, mit einem Gesellschaftsspiel, im Kino oder im Restaurant ganz ohne Medien. Inhaltlich ist das oft ähnlich. Zuschauer entscheiden sich fast nie für ein Genre, eine Produktionsfirma und einen Jahrgang. Aus der Sicht der Verleiher ist das bedauerlich: Zuschauer suchen nicht nach einem Western von Universal aus dem Jahr 1976. Sie suchen nach einem Film mit Clint Eastwood, Brad Pitt oder mit Eddy Murphy oder nach einem Film für Kinder und richten sich dabei nach der FSK.

Im Zeitalter der Synchronfassungen, Untertitel und Übersetzungen ist der Wettbewerb der Geschichten globaler geworden als er lange Zeit war. Im Mittelalter, als Latein die Sprache der Medien, Politik und Wissenschaften war, existierte eine ähnlich globalisierte Welt. Auch damals war die Sprache, ähnlich wie heute wieder, nicht das zentrale Unterscheidungsmerkmal, sondern die geistige Herkunft einer Geschichte. So stammten zum Beispiel die bekanntesten Rittergeschichten aus Südfrankreich und aus den heutigen Benelux-Ländern, obwohl diese Geschichten inhaltlich nicht unbedingt dort auch spielten, sondern zum Beispiel am Hof des Königs Artus, in fernen Ländern oder in magischen Reichen. Was hat sich verändert, und was ist gleich geblieben in der Welt der Medien? Je nach Perspektive fällt die Antwort überraschend aus.

Man könnte beispielsweise behaupten, die organisierte Religion sei das Internet des Mittelalters gewesen: Die Kirche verfügte über ein internationales Netzwerk von Knotenpunkten, an denen Wissen gespeichert wurde, die Klöster. Zugang (login) war möglich für alle, die die Weltsprache Latein sprachen. In den Klöstern wurden Texte kopiert, vervielfältigt und verbreitet, Datenschutz wurde kaum praktiziert und Urheberrechte waren kaum zu schützen. Mittelalterliche Blogger wie *Thomas von Aquin* oder *Duns Scotus*erreichen gigantische Leserschaften.

Die Klöster speicherten praktisches, theoretisches und auch esoterisches Wissen, was dazu führte, dass riesige Konglomerate neben kleinen und kleinsten wirtschaftlichen Einheiten erwuchsen. Damit entstand ein paralleles Netzwerk zu den offiziellen Kanälen der höfischen Politik. Die Herrscher verstanden wenig von den technischen Funktionsweisen der Klöster und misstrauten den Leitfiguren.

Man kannte feindliche Übernahmen und Verdrängungskämpfe unter hochprofitablen Organisationen, es gab *Booms*, Blasen und Konkurse - genau wie im *Silicon Valley*. Die Klöster speicherten Wissen auf eine vollkommen neue Weise und verhinderten, dass alte Kenntnisse der Antike verloren gingen. Daraus schöpften sie Werte und Einfluss. Sie waren hoch vernetzte Archive, an denen ungezählte Menschen Redaktionsarbeit leisteten. Es gab kostenlose und kostenpflichtige Angebote.

Die Klöster des Mittelalters waren Plattformen, Datenbanken und soziale Netzwerke in einem. Das Internet kennt Heilsversprechen und Horrorszenarien, genau wie Dantes Inferno.

Das Internet ist, genau wie die Klöster des Mittelalters gleichzeitig eine zutiefst weltliche Angelegenheit, die jedoch zahllose Möglichkeiten bietet, dem Alltag zu entfliehen. Neue Kunstformen entstehen in solchen Rahmenbedingungen - vor allem in Bezug auf Musik, Grafik und Texte. Die Klöster wurden überwacht; Moderatoren herrschten über die Unterbereiche und sanktionierten Verstöße gegen die "Netikette" mit häufig geradezu brennendem Glaubenseifer. Die meisten Positionen waren mit Männern besetzt, die auf der Suche nach neuen Erkenntnissen waren und die ihre Datensammlungen eifersüchtig verteidigten. In Ecos *Name der Rose* wird geschildert, wie eine Art *Open-Source*-Bewegung für antike Texte entsteht, die von konservativen Autoritäten unterdrückt wird. Es ist eine uralte Frage, wie frei Informationen sein dürfen oder sollten. Die radikalen Antworten darauf sind fast ebenso alt. Die Klöster kannten genau wie das Netz heute Aktivisten, Heilige, Ketzer, Visionäre, Saboteure und Karrieristen, die in dem Netzwerk Identität und Integration in ein faszinierendes Kommunikationssystem fanden, das alle anderen Systeme an Effektivität übertraf - und es versprach Sicherheit, Versorgung und Erlösung, nicht zuletzt durch die Tatsache, dass die User sich beim Eintritt neue Namen zulegten.

Erzähltraditionen der Kulturen

Alle menschlichen Kulturen verfügen über Geschichten, und sie haben darüber hinaus verschiedene Stilmittel, mit denen sie diese Geschichten ausprägen. Jede Kultur - ob das Griechenland zur Zeit der Perserkriege, viktorianische Mittelschicht oder ein linksradikales, akademisches Milieu im Paris der Sechziger Jahre - prägt die Geschichten, die sie hervorbringt auf vielfältige Weise.

Aus diesem Grund sind zum Beispiel Hollywood Blockbuster auf den ersten Blick genau so gut zu erkennen, wie ein "typisch deutsches" Fernsehspiel.

Welche Faktoren bestimmen eine nationale oder gar regionale Erzähltradition? Ähnlich wie in der Architektur gibt es auch in der Literatur Kulturgrenzen, die zu überschreiten eine gewissen kulturelle Kompetenz erfordert, sowohl, was die Herstellung von Geschichten als auch, was ihr Verständnis betrifft.

Sicherlich spielt die Person des Urhebers eine enorm wichtige Rolle. Die Frage, was man über einen Autor wissen muss, oder ob überhaupt, ist als Hermeneutische Frage bekannt. Der Philosoph Hans-Georg Gadamer sah in dem Versuch, einen Text zu verstehen, ein potenziell unendliches, weil iterativ zu führendes Gespräch zwischen Autor und Leser, das Jahrhunderte überbrücken kann.

Konkret bedeutet dies: Was muss man über eine Kultur wissen, wenn man die Geschichten verstehen will, die sie hervorgebracht hat? Je weniger über eine Kultur bekannt ist, desto leichter fällt der Griff zu Vorurteilen und Denkschablonen. Je tiefer die Kenntnis, desto wichtiger wird die Person des Urhebers und desto differenzierter das Gesamtbild. Was einem uneingeweihten Leser als uralter, Ehrfurcht gebietender Klassiker erscheint, kann in den Augen eines Fachmanns als humoristische Streitschrift oder Sozialsatire erscheinen. Ist etwa der Trojanische Krieg des Homer eine brutal-militaristische Heldengeschichte oder eine Parodie des dorischen Götterglaubens, den Homer, der wahrscheinlich aus Kleinasien stammte, als primitiv demaskieren wollte? Ein Beispiel aus

Deutschland ist Max und Moritz: Was sich einerseits als etwas bösartige und grausame Kindergeschichte liest, kann, wenn man Edith Braun glauben mag, auch als Parodie der gescheiterten Revolution und die Nationalversammlung von 1848 gelesen werden.[1]

USA

Es fällt Europäern leicht, die amerikanische Mentalität misszuverstehen. Zum Einen sind wir beständig mit amerikanischen Produkten konfrontiert, sowohl was Plattformen wie Google oder facebook als auch was Filme und Bücher betrifft. Dann sind die Vereinigten Staaten eine junge Kultur, verfügen jedoch anders als die meisten kontinentaleuropäischen Staaten über eine lange, ungebrochene Verfassungstradition, die eine erhebliche Rolle in der Selbstdarstellung der Kultur spielt. Die amerikanische politische Identität in den Medien ist stärker weil älter als beispielsweise die bundesdeutsche. Zahlreiche Filme wie Air Force One stellen daher den Präsidenten der Republik als Heldenfigur dar. Aus der Perspektive Mitteleuropas wirkt dies unter Umständen eigenartig, nicht nur, was die Geschichte des hysterischen Zwanzigsten Jahrhunderts betrifft, sondern auch die Unfreiheit der frühen Neuzeit, die dazu führte, dass viele Europäer nach Amerika auswanderten. Ein heroischer Film über einen Bundeskanzler wäre in Deutschland kaum denkbar.
Die amerikanische Mentalität ist von der Abgrenzung gegenüber Europa tief geprägt. Die Auswanderer wollten der Armut und der politischen und religiösen Unfreiheit der alten Welt entkommen. Deswegen spielt die Religion, beziehungsweise die Ablehnung der Religion in Amerika eine wesentlich höhere Rolle als in Europa. Der typische Hollywood-Held ist ein gottesfürchtiger Mann, wie die meisten Charaktere des James Stewart zum Beispiel. Aus der Sicht von Europäern wirken diese Figuren leicht naiv oder bedrohlich, wie der fanatische Kapitän Ahab, der den weißen Wal Moby Dick jagt.

Ein weiterer trennender Aspekt ist der Pioniergeist, der in Europa weitgehend fehlt. Amerika war über einige Jahrhunderte hinweg ein pragmatisches, praktisches Projekt. Wer überleben wollte, durfte auf Etikette nicht allzu großen Wert legen, sondern musste anpacken. Das Ergebnis ist eine der großen Hollywood-Erfindungen geworden: Der Western, dem keine andere Kultur etwas Vergleichbares entgegenzusetzen hat. Fast jede große, positive, amerikanische Filmgestalt, ob Luke Skywalker oder Indiana Jones, die Charaktere Hemingways und John Steinbecks tragen oft gewisse Züge dieser Siedlerzeit, als der Westen noch wild war. Gleichzeitig war die Ost- und Südküste des Landes der alten Welt enger verbunden, als der Frontier. Das Gegenstück der "Frontier" ist das Schicksal der Einwanderer, meist arme Europäer, die in der Neuen Welt ihr Glück suchten, wie die Figuren des Harpo und Chico Marx in vielen Filmen oder auch der "Tramp" des Charlie Chaplin.

Natürlich gibt es Ausnahmen und Sonderfälle, wie die Literatur der amerikanischen Minderheiten oder besonders einzigartiger Autoren, wie etwa John Kennedy O'Toole, dessen Werk "Ignaz oder die Verschwörung der Idioten" zu den großen Singularitäten der Weltliteratur gehört. Hier berühren sich ex-koloniale Melancholie, der amerikanische Traum und klassische katholische Theologie mit der Tristesse des allmählich verarmenden New Orleans.
Was unterscheidet den amerikanischen Humor vom europäischen Humor? Die großen Comedians aus den Vereinigten Staaten wie Leno, Seinfeld, Carlin, David Letterman und Bill Maher haben alle hoch beredte und fast aggressive Stimmen, mit denen sie sehr direkte Attacken gegen ihre Opfer und Gegner fahren.
Auch in der Werbung ist diese Aggression feststellbar, wo direkte Vergleiche von Produkten kein Problem darstellen. Im Vergleich dazu sind unsere Gewohnheiten in Mitteleuropa geradezu harmoniesüchtig. Selbst die deutschen Klone dieser Kultur, wie Stefan Raab oder Harald Schmidt, sind im Vergleich stets zahm und berechenbar.

Den Takt gibt die amerikanische Kultur vor, die Europäer folgen, was sie automatisch zu Nachahmern macht. Serien wie "Die Simpsons" oder "Family Guy" brechen routinemäßig Tabus, die in der Alten Welt nach wie vor Geltung haben. Der enorme Erfolgsdruck und Wettbewerb, der auf amerikanischen Produzenten und Kreativen lastet, sorgt für eine beschleunigte Evolution, im Vergleich zu der die europäischen Verhältnisse eher denen eines Biotops ähneln.

Großbritannien und Irland

Die Briten sind den Amerikanern historisch eng verwandt. Dennoch bestehen starke Unterschiede in den Traditionen der Erzählkunst. Da ist zunächst einmal die geographische Insellage Englands und Irlands zu nennen, ein kleines Land, das einst mit seiner Flotte fast die gesamte Erde beherrschte. Der Verlust des Empire trennt die Briten von den Amerikanern, die ihr Weltreich noch besitzen. Vielleicht liegt es daran, dass "typisch-englische" Helden in populären Stoffen oft Underdogs sind, wie die beiden Hauptfiguren in Peep Show, die ähnlich wie Mister Bean oder die Helden der Monty-Python-Filme immer von einer Katastrophe in die nächste stolpern. Auch Black Adder ist ein solcher "Versager". Britisches Erzählen ist geradezu besessen von Peinlichkeiten und Regelbruch, was natürlich auch daran liegt, dass England zweihundert Jahre lang als stilprägende Kultur in fast allen Belangen zwischen Mode-Musik, Erziehung und guten Umgangsformen galt. Großbritannien ist ebenso das Ursprungsland der meisten heute populären Sportarten, Fussball, Golf, Tennis, Darts, Ping Pong, Snooker, Rugby, Cricket und Vollblutpferderennen - alle diese Sportarten sind stark regelgeprägt. Aus Deutschland stammen indessen fast keine sportlichen Disziplinen.

Die Geschichten des P. G. Wodehouse stellen den reichen aber trotteligen Bertram Wooster an die Seite seines genialen Dieners Jeeves, der seinen Herrn auf immer neue Weise in die Bredouille hinein und dann wieder hinausführt. Der Lord Emsworth von Blandings, ebenfalls eine Schöpfung des genialen Wodehouse, besitzt zwar

Geld und Schloss, aber er interessiert sich nur für die Schweine-zucht, was ihn zu einem Außenseiter seiner sozialen Klasse macht. Gemessen an den Amerikanern sind die Briten Pessimisten oder Melancholiker. Filme wie 1984, Brazil oder Vendetta zeigen düstere Entwürfe der Zukunft; die Romane des Neil Gaiman, Douglas Adams oder auch Terry Pratchett sind zwar an vielen Stellen von umwerfender Komik, doch die Grundstimmung ist oft eine ziem-lich verzweifelte, was sich insbesondere in der britischen Abnei-gung gegen das Happy Ending niederschlägt. Zwar sind viele Pa-radebeispiele britischer Erzählkunst, wie Der Herr der Ringe oder die Harry Potter Serie technisch gesehen mit einem glücklichen Ausgang versehen, doch ist es kein Hollywood-Ende: Unfreiheit und Zwangsherrschaft konnten nur mit Mühe und enormen Kosten abgewendet werden. Möglicherweise hängt diese Tendenz mit der historischen Isolation Englands zusammen, das von Napoleon aber auch zur Zeit der beiden Weltkriege vom Kontinent her bedroht und isoliert wurde. Es ist denkbar, dass der "typisch trockene Hu-mor" der Briten auch ein Resultat der strengen sozialen Regeln war, die sich England seit der puritanischen Revolution und der Dikta-tur Oliver Cromwells immer wieder erneut selbst auferlegte. Der Zwittercharakter der viktorianischen Ära als zugleich sittenstreng und dekadent ist geradezu sprichwörtlich.

Die britische Erzähltraditon gehört zu den fruchtbarsten der Welt, vor allem was fiktionale Stoffe und Figuren betrifft: Sherlock Hol-mes, Gulliver, Dorian Gray, Robin Hood, Ivanhoe, Peter Pan, Grendl, Robinson Crusoe, Lord Peter Wimsey, König Artus, Oliver Twist, Frankensteins Monster, Hamlet, James Bond und Miss Marple - die Kette der literarischen Figuren, die wieder und wieder verfilmt werden und die sich längst zu eigenständigen Memen ent-wickelt haben, ist lang und eindrucksvoll.

Während die britischen Kulturen bis zum Aufstieg der Popmusik nur wenige bedeutende Komponisten hervorgebracht haben, vor allem im Vergleich zu Deutschland, Italien und Russland, ist die Anzahl einflussreicher Bands und Labels Mitte des Zwanzigsten Jahrhunderts geradezu explodiert.

Deutschland

Das Literaturland, das heute Bundesrepublik Deutschland heißt, besteht in seiner derzeitigen Gestalt seit 1990. Davor war es einer Vielzahl von Verwerfungen, Katastrophen und Neugründungen unterworfen: Zwei Weltkriege, eine Weltwirtschaftskrise, eine Inflation, mehrere Währungsreformen, Teilungen, Abspaltungen, Annexionen, Wiedervereinigungen, wiederholte Verschiebung fast aller Grenzen. Dies und die Tatsache, dass Deutschland für fast ein Jahrtausend keine gemeinsame Hauptstadt hatte führte seit 1945 dazu, dass ein Großteil der deutschen Literatur autobiographischen Charakter hat. Grass, Böll, Siegfried Lenz, Ulrich Plenzdorf, Uwe Timm und zahllose Andere beschäftigen sich mit zeithistorischen Themen - und nicht mit fiktionalen Universen. Im literarischen Sinn erschaffen sie keine Welten, sondern sie beschreiben und deuten das Bestehende. Dies schlägt sich auch auf das Filmschaffen des Landes nieder: Es gibt keine deutschen Entsprechungen zu Stephen King oder den großen Thriller-Autoren wie Lee Child, Baldacci, Ian Fleming und Patterson. Die Schwäche der deutschen Erzählkunst liegt damit in den Bereichen "Plot" und "Phantastik". Ihre Stärke liegt in der Historizität und im Kulturbewusstsein, wobei es jedoch zumeist Rückwärtsbetrachtungen sind.

Deutsche Autoren, die phantastische Welten erschaffen haben, sind selten: Michael Ende und Patrick Süßkind sind eher Ausnahmeerscheinungen. Zwar gibt es eine beeindruckende Reihe einflussreicher Kinderbuchautoren, wie Ottfried Preußler, Walter Moers, Janosch, Paul Maar, und Erich Kästner, doch bleiben die von ihnen erschaffenen Figuren den britischen Gegenstücken an kommerzieller Schlagkraft meist eindeutig hinterher. Um solche zu finden, muss man in die Zeit vor der Reichsgründung und dem Beginn des "hysterischen Jahrhunderts" der Deutschen blicken. Dort findet man Figuren wie Mephisto und Doktor Faust, der abenteuerliche Simplicissimus, Siegfried der Drachentöter, Till Eulenspiegel, Dietrich von Bern, König Laurin, Wieland der Schmied, die Sieben Schwaben, die Schildbürger, Loki, Rapunzel, Dornröschen, Hänsel und Gretel, Rübezahl, Schneewittchen, Doktor Eisenbart, Lorelei, Rotkäppchen und der Baron Münchhausen.

Die deutsche Kulturlandschaft ist föderal aufgebaut - es gibt keine Stadt, die an Bedeutung dem gleich käme, was New York für die USA, London für England oder Paris für Frankreich ist. Deutschland gleicht eher Italien, den Niederlanden und der Schweiz, die ebenfalls dezentral gegliedert sind.

Das deutsche Fernsehen und der deutsche Film stehen auf den Schultern der deutschen Literatur. Dies hat dazu beigetragen, dass viele deutsche Produktionen genau wie die Romanvorlagen eher schwerfällig, düster, historisch und grüblerisch daher kommen: Good bye Lenin, die Blechtrommel, Das Boot, Der Baader-Meinhof Komplex, Aimee und Jaguar, Aguirre, Der Himmel über Berlin, Der Untergang, Rosenstrasse und Das Leben der Anderen.

Möglicherweise liegt dies daran, dass es in der Zeit des Nationalsozialismus eine Reihe von heiteren Durchhaltefilmen, lockeren Unterhaltungswerken gegeben hatte, von denen sich die Nachkriegsregisseure und Produzenten abgrenzen wollten, um ihre politisch-korrekte Gesinnung auszudrücken. Bis heute sind die Feuerzangenbowle und Das Testament des Doktor Mabuse, Der Mann der Sherlock Holmes war, Der Berg ruft, die Filme der Leni Riefenstahl, Quax der Bruchpilot und die Große Freiheit Nummer Sieben als Titel gegenwärtig.

Der deutsche Witz ist nicht für seine Einzigartigkeit bekannt, wie andererseits der Humor der Iren, der ungarische und der jüdische Witz, die Schlagfertigkeit der Leute aus Odessa, Hims und Glasgow. Zwar gibt es den einen oder anderen großen Namen wie Karl Valentin, Wilhelm Busch und Heinrich Heine, doch selbst diese wurden nicht zu Exportschlagern. Sie blieben mehr oder weniger Geheimtipps.

Dies wird auch an der deutschen Witzkultur deutlich, die traditionell nur wenige Grundformen kennt oder kannte: Fritzchen-Witze, Häschenwitze, Nationalitätenwitze ("Ein Franzose, ein Russe und ein Deutscher ..."), der bewusst schwerfällige Kalauer und die so genannten Bauernregeln. Die Schwäche der "typisch deutschen

Witze" liegt darin, dass sie zumeist Vorurteile bestätigen anstatt sie aufzubrechen. Unter den beiden Diktaturen des Dritten Reiches und der DDR gab es immerhin eine gewisse Kultur des politischen Witzes als Mittel des Widerstandes. Ein Ergebnis des katastrophalen Verlaufs des Zwanzigsten Jahrhunderts in Deutschland ist eine allgemeine Abneigung gegen Wettbewerb und Ungleichheit. Die Deutschen sind mehrheitlich nicht risikofreudig, weder an der Börse noch beim Erschaffen kreativer Inhalte. Die großen Fabulierer und Erfinder fehlen der deutschen Literatur. Kaminer, Zaimoglu und Stuckrad-Barre beschäftigen sich vor allem mit sich selbst, so wie sie sind viele deutsche Autoren eigentlich Journalisten im Belletristengewand.

Es ist denkbar, dass der deutsche Witz der Nachkriegszeit, wie er etwa von Heinz Ehrhardt, Loriot, Otto Waalkes, Helge Schneider, Karl Dall, Jochen Busse und Dieter Hallervorden gepflegt wurde, hauptsächlich vor dem Hintergrund des deutschen Selbstverständnisses als Volk der Dichter und Denker, aber auch als Heimat des "Made in Germany", eine Marke der Kompetenz und des Ernstes, funktioniert. Es fällt auf, dass viele deutsche Comedians im Gegensatz zu ihren amerikanischen Kollegen eher dümmliche Bühnengestalten erschaffen haben und mit gespielter Naivität oder sogar Beschränktheit, (oft versehen mit körperlichen Defekten oder Behinderungen wie die Figur des Hape Kerkeling Horst Schlämmer) auf sozial-moralische Probleme der Deutschen hinweisen. Daher fehlt deutschen Comedians fast immer die Leichtigkeit ihrer französischen und italienischen Kollegen und der Zynismus ihrer amerikanischen sowie die Trockenheit ihrer britischen Vorbilder. Dies trifft insbesondere auf die Kunstform des politischen Kabaretts zu. Dieter Hildebrandt, Gerhardt Polt, Urban Pirolt, Eckart von Hirschhausen verstehen sich gleichzeitig als Humoristen und Pädagogen.

Italien und Griechenland

Kaum eine Kultur hat das Erbe der Menschheit so bereichert wie das alte Hellas und sein Schüler, das alte Rom. Der griechisch-römische Schatz an Sagen und Figuren wie Herakles, Pelops, Antigone, Perseus, Theseus, Achill, Hektor, Europa; Aeneas und Odysseus wirkt bis heute auf die Medienwelt ein, genau wie die vielleicht kommerziell stärkste Schöpfung Griechenlands, die Olympiade, deren moderne Ausprägung freilich eine britische Erfindung ist.

Während nun das moderne Griechenland nur äußerst wenige, international wirksame Stoffe und Formideen hervorgebracht hat, wie etwa Alexis Sorbas, ist Italien, ähnlich wie England, seit Jahrhunderten eine Art Petri-Schale der Weltkultur geblieben. Italienisches Design und vor allem italienisches Essen finden sich überall auf der Welt. In welchem Land gibt es keine Pasta, Pizza oder italienisch beeinflusste Kaffeeprodukte? Im Kosmos der literarischen Stoffe ist Italien vor allem durch Pinocchio vertreten, durch die Werke des Umberto Eco, Cesare Pavese, Pirandello, di Lampedusa und Italo Calvino. Der wahre Schatz Italiens jedoch befindet sich vor allem an der Schnittstelle zwischen Mittelalter und Neuzeit, mit den Erfindungen, Dichtungen und Entdeckungen solcher Geister wie Galileo, den großen Malern und Bildhauern, Dante, Macchiavelli, Boccaccio, Torquato Tasso, den, späteren, Abenteuern des Casanova und den Werken der großen Komponisten zwischen Monteverdi und Verdi, sowie deren internationalen Enkeln aus der populären Popmusik.

Das moderne Italien gehört neben Deutschland und Frankreich zu den wichtigsten Filmländern Kontinentaleuropas. Als der Diktator Benito Mussolini im Jahr 1937 den Grundstein für ein nationales Filmstudio legte, Cinecittà, sah er darin nichts weiteres als ein politisches Instrument. In Deutschland entstand aus den gleichen Gründen die UFA, freilich bereits 1917. Das italienische Kino hatte seine große Zeit zwischen 1950 und 1970. Anders als Deutschland aber ähnlich wie Hollywood kennt und betreibt Italien die Starkultur. Sophia Loren, Gina Lollobrigida und andere Diven erreichten einen Glanz, von dem deutsche Schauspielerinnen nach 1945 nur träumen konnten. Als spezifische Schöpfung des italienischen Films ist der so genannte Spaghetti-Western zu nennen.

Der italienische Humor ist gekennzeichnet durch die Freude am Chaos und am Improvisieren gemischt mit expressiver Lebensfreude, wie in den Filmen des Roberto Benigni oder den ewigen Kämpfen des Don Camillo mit seinem Lieblingsfeind Peppone. Ein stets wiederkehrendes Element des italienischen Humors ist der Individualismus mit seinen Tücken. Liegt dies an der italienischen Geschichte mit seinen unabhängigen Stadtstaaten, die sich in permanenten Wettstreit zueinander befanden, wie Venedig, Genua, Mailand und Florenz? Wie dem auch sei, erfolgsentscheidend ist stets der Slapstick-Anteil, visueller Humor, wie bei Bud Spencer und Terence Hill, der wahrscheinlich teils bis auf den Einfluss der commedia dell'arte zurück geht. Nicht umsonst ist Italien das Land mit der reichsten Gesten-Sprache der Welt.

Frankreich

Frankreich war einst gleichzeitig klein genug, eine erhebliche Zentralisierung effektiv aufrecht zu erhalten, und andererseits groß genug, um eine bedeutende Rolle zu spielen. Frankreichs kulturelle Identität ist geprägt von der Aufklärung des 18. Jahrhunderts, der Großen Revolution und dem Verlust seiner Rolle als Welt- und Kolonialmacht sowie einer vergleichsweise hohen Wertschätzung der Nationalsprache.

Frankreich gilt bis heute als Vorbild an Lebensart und feiner Kultur, doch gelingt es der Medienwelt nur hin und wieder, internationale Bestseller und wiederholt verfilmte Memen zu produzieren, wie etwa Cyrano de Bergerac, Asterix und Obelix oder die Abenteuer des Petit Nicolas, Lucky Luke und Der Kleine Prinz. Dies mag daran liegen, dass die französischen Kulturen, der französische Sprachraum, mit Teilen Afrikas, Kanadas, Asiens und eben Frankreichs und Belgiens, ausgedehnt genug sind, einen eigenen, sehr aktiven Markt zu haben. Dies unterscheidet den französischen

Sprachraum vom globalen englischen, der nicht so stark an die Muttersprache oder an ein Herkunftsland gebunden ist. Der kulturelle Sprachraum Deutschlands ist im Vergleich zur Welt der Francophonie wesentlich kleiner.

Frankreich ist eine der führenden Filmnationen der Erde, sowohl was Zuschauer- und Premierenzahlen und auch was den wirtschaftlichen Erfolg seiner Produktionen betrifft. Während die anglo-amerikanischen Kulturen einen gewissen Pragmatismus pflegten, der sich, wie zum Beispiel im Fall Hemingways, auch darin niederschlug, dass die Grammatik nie als Heiligtum galt, sind die französischen Kulturen, vor allem in der Literatur, geradezu formbesessen. Kein anderes Sprachgebiet pflegt einen derart rigorosen Diskurs über die Frage, was in die Nationalsprache gehört und was nicht. Dies trägt dazu bei, dass viele große Werke der französischen Literatur kaum zu verfilmen sind. Der weltweite Erfolg der französischen Literatur hat sich nur bedingt auf das Kino übertragen: Albert Camus, Montaigne, Sartre, Diderot, Racine, Molière, Voltaire, George Sand, Rousseau, de Sade, und Rabelais warten trotz allen Erfolgen auf der Bühne bis heute auf eine ähnliche Aktivierung im international-populären Film wie Shakespeare oder die griechischen Mythen.

Dies verbindet Frankreich mit Deutschland, dessen Klassiker von Goethe, Schiller, Wieland und anderen in ihrer Wirkung vor allem auf der Eleganz der Sprache und nicht im Plot bestehen. Dies macht sie für das Filmschaffen zu schwierigen Gegenständen. Ausnahmen sind die Werke des Jules Verne und des Victor Hugo. Einer der ersten Filme überhaupt, aus dem Jahr 1905, zeigte die von Verne erdachte Mondlandung mit einer Rakete. Die Elenden von Victor Hugo wurden mehrfach verfilmt und gehören zu den internationalen Dauerbrennern der Musicalwelt, genau wie die Drei Musketiere und der Graf von Monte Cristo.

Der britische Humor richtet sich oftmals gegen das eigene Ich. Der ésprit gaulois ist dagegen oft angriffslustiger, aber vor allem, und dies unterscheidet ihn vom deutschen Humor, geht es oft gegen Polizisten und Autoritäten, die hierzulande nur selten verspottet werden. Die Charaktere des Louis de Funès oder Luc Besson's Taxi-Serie und der Film "Nichts zu verzollen" (2010) sind daher spezifisch französisch in ihrem Witz. Zwei Besonderheiten des französischen Welthumors sind auch die Onkel-Figuren des Jacques Tati mit ihrem schweigenden Fatalismus angesichts einer sich immer mehr modernisierenden Welt und die bissigen Chansons und Romane des Boris Vian, die vermutlich ebenso vergeblich auf internationale Verfilmungen warten, wie die Werke des Alfred Jarry. Denen gegenüber steht Marcel Pagnol als einer der bekanntesten Autoren und Filmemacher, deren Werke wiederholt mit großem Erfolg auf die Leinwand kamen, obwohl oder gerade weil, seine Werke eher nicht für Paris stehen, sondern für die kulturell völlig anders geartete Provence und den französischen Süden.

Japan

Das England Asiens - dieser Begriff trifft in gewisser Weise auf Japan zu, denn beide Inselstaaten haben ein riesiges Reich verloren und gehören in Bezug auf ihre umständlich erscheinenden Höflichkeitsformen, exzentrische Freizeitbeschäftigungen wie Karaoke, und künstlerisch-kulinarische Stilmittel zu den weltweiten Exoten, die jedoch stets gleichzeitig Vorbildcharakter haben. Japan und England sind beide einem wirtschaftlich und politisch übermächtigen Kontinent vorgelagert, dem sie sich nicht zugehörig fühlen. Beides sind Teekulturen und beide haben eine imperiale Kriegerkaste entwickelt, die vielen Armeen als Vorbild galt. Die Bewohner beider Länder gelten oft als sowohl steif als auch gleichzeitig hochkreativ. Auch, was erotische Vorlieben vieler Bewohner betrifft, gelten beide Länder in der Brille des Vorurteils als ungewöhnlich. Aus beiden Ländern stammen unverkennbar "typische" Kulturprodukte.
Japanische Zeichentrickproduktionen haben eine Generation von Europäern geprägt, als die Mangas dort noch unbekannt waren, etwa die japanischen Interpretationen von Heidi oder Pinocchio.

Auch die Power Rangers und das Tamagotchi sind geradezu sprichwörtlich geworden, während einem ernsthafteren Publikum die großen Klassiker wie Kurosawa, Kobayashi und Ozu seit den fünfziger Jahren ein Begriff waren, als auch Godzilla und andere riesige Kaiju Monster zuerst in die Kinos kam. Japan ist ein Land mit einer wirtschaftlich starken Filmindustrie. Die Ästhetik der frühen Filme beruht auf dem klassischen Theater. Ebenso wie Südkorea verfügt Japan über eine starke Tradition des Puppenspiels und der Masken, was die japanische Zuschauerschaft gegenüber Zeichentrickfilmen und Computerspielen im Vergleich zu den Europäern wesentlich wohlwollender erscheinen lässt, wie die Erfolge der Prinzessin Monokoke und Howls Wandelndes Schloss beweisen. Dies betrifft auch vollständig animierte Filme wie die Reihe Final Fantasy. Ein ganzes Sub-Genre der Zeichentrickfilme, Anime, stammt aus Japan.

Als sehr fruchtbar haben sich zwei Archetypen aus Japan erwiesen, der Samurai und der Ninja mit ihren spezifischen Waffen, dem Wurfstern und dem Katana, die sich in westlichen Werken wie Kill Bill, Highlander oder Blade stets erneut und kaum verwandelt wiederfinden.

Kreative Kulturen, die neue Welten erfinden, haben oft eine auffällige Vorliebe für Detektivgeschichten und Mystery, wie von Natsuo Kirino und Kenzo Kitakata. Japan ist nicht bekannt für seine eigene Musik, wohl aber für seine Interpreten, vor allem der klassischen Musik. Japan und Deutschland waren zu Zeiten des Zweiten Weltkrieges durch die so genannte Achse verbunden, zu der auch Italien gehörte. Alle drei Länder haben geradezu ikonische Leistungen auf dem Gebiet des Automobilbaus hervor gebracht. Ähnlich wie Deutschland hat Japan eine Kultur der Pünktlichkeit, Umtriebigkeit und der Hochschätzung des Gemeinwesens, die oft zu Lasten der persönlichen Freiheit geht. Kaum ein Land kennt so wenig Urlaub wie Japan. Die träge, romantisch-tragische Figur der Madame Butterfly ist eine westliche Erfindung.

Die japanische Literatur der letzten Jahrzehnte ist geprägt von Fragen der Kriegsschuld, der Atombombe, dem Verlust der feudalen

Ordnung und der extremen Veränderung der japanischen Gesellschaft im Zuge der Industrialisierung. Humorvoll-satirische Werke wie die des Haruki Murakami haben den japanischen Sinn für Humor einem weltweiten Publikum bekannt gemacht. Ähnlich wie die deutschen Autoren sind japanische Schriftsteller oft nur wenig an Plot oder Handlung interessiert, dafür mehr an inneren Vorgängen und Fragen des Gewissens, wie etwa im Fall von Banana Yoshimoto und Kenzaburo Oe. Dies mag auch buddhistische Wurzeln haben. Ein weiteres Thema sind die japanischen Identitäten über die Inseln von Nord und Süd aber auch die derzeit lebenden Generationen hinweg.

Eine literarische Innovation der letzten Jahre sind Handy-Romane wie "Love Sky", die sich millionenfach verkauften. Ebenso bekannt sind japanische Horrorfilme wie Battle Royale, die auch in Teilen auf westlichen Vorlagen basieren, wie "Ringu".

Während das deutsche Publikum mit einigen wenigen Begriffen wie "Judo", "Sushi" und "Kamikaze" vertraut ist, sind an japanischen Produkten in erster Linie Automobile und Elektronik weltweit dominant vertreten. Die japanische Liebe zu Robotern ist groß. In den fünfziger Jahren erschien "Tetsuwan Atomu" von Osamu Tezuka. Dieses Manga hat eine ganze Generation von Technikern geprägt, die heute Roboter wie Asimo, Aibo und Paro entwickeln.

Russland

Die kulturelle Besonderheit Russlands ist auf eine Reihe von Faktoren zurückzuführen, die in Europa oftmals übersehen werden. Zu nennen ist einmal die ungeheure Größe des Landes, die sich in einem Missverhältnis zur Bedeutung der beiden wichtigsten Städte, Petersburg und Moskau befindet. Dort konzentrieren sich Macht, Kultur und Finanzen. Während die Quellen des russischen Reichtums in Asien liegen, sitzt seine Verwaltung weitgehend auf europäischem Boden. Anders als die mittel- und westeuropäischen Kulturen gehört Russland zur christlich orthodoxen Welt und ist damit Erbe des alten Ostrom, ein antikes Imperium, das bis in die Neuzeit hinein Bestand hatte, ähnlich wie der Kirchenstaat und der Stadt-staat Venedig. Zwar erlebte Russland im 20. Jahrhundert drei verschiedene politische Systeme, doch die überwältigende Macht der Zentrale blieb stets erhalten, ob unter den Zaren, den Kommunisten oder den modernen Präsidenten. Diesem Druck stellt sich bis heute ein wesentlicher Teil der russischen Intellektuellen und Kreativen entgegen. Zu nennen ist das berühmte Radio Eriwan, dessen Fragestunde ("Im Prinzip ja, aber...") sich zu einer Institution des aufmüpfigen Witzes mauserte. Kaum eine Sprache verfügt über einen derart reichen Fundus an drastischen Witzen und einen ebenso reichen an Schimpfwörtern wie die russische. Dieser Humor ist einem weltweiten Publikum durch Stoffe wie "Die Zwölf Stühle" bekannt geworden, wenn auch oftmals zuerst in der westlichen Verfilmung durch Mel Brooks (1970). Aus deutscher Sicht war Russland stets eine Chimäre aus Bedrohung und gelobtem Land. Unzählige Siedler hatten seit dem Mittelalter aber vor allem in der frühen Neuzeit Deutschland verlassen, um sich in Russland niederzulassen. Ähnlich wie das englische Königshaus der Windsors war auch das Haus der Zaren seit Katharina der Großen weitgehend deutsch-stämmig. Die Zaren gingen in der Revolution zugrunde. Die Nachfahren der Auswanderer kamen als so genannte "Russlanddeutsche" nach 1990 in die Bundesrepublik.

Ähnlich wie das moderne chinesische Kino produziert auch Russland mit Vorliebe große historische Stoffe, wie Admiral (2008) oder Stalingrad (2013) und Taras Bulba (2009). Während des Kalten Krieges befand sich die russische Filmkultur in propagandistischer Konkurrenz mit Hollywood: vor allem einem älteren ostdeutschen Publikum ist die russische Version von Tom und Jerry in Erinnerung: Die Cartoon-Serie "Nu Pagadi", sowie Interpretationen der Abenteuer des Sherlock Holmes mit Vasily Livanov in der Hauptrolle. Die sprichwörtliche "russische Seele" ist für West- und Mitteleuropäer ein Mythos, der vor allem in der russischen Musik gesucht wird. Neben Italien und Deutschland hat Russland die bedeutendsten klassischen Komponisten und (modernen) Maler hervorgebracht, jedoch nur vergleichsweise wenige Architekten und Modeschöpfer.

Die russische Befindlichkeit ist auch von der Erfahrung der jahrhundertelangen Mongolenherrschaft und der Überfälle durch moderne Gewaltherrscher wie Napoleon und Hitler geprägt. Das Lebensgefühl vieler Kreativer ist bestimmt von existenzieller Unsicherheit und einem Gefühl der Bedrohung, was auch den hin und wieder auftretenden Wunsch nach einer wohlwollenden aber starken Regierungshand erklärt. Bis heute spalten sich die russischen Intellektuellen in zwei Gruppen: Slawophile und Westler.

Der Kanon der russischen Literatur ist überwältigend groß und fruchtbar: Dostojewski, Turgenjev, Tolstoi, Puschkin, Pasternak, Chekhov, Nekrasov, Lermontov, Gogol und Gontscharov schufen vor allem fiktive Versionen Russlands und stellten dabei ihren Lesern gesellschaftliche Gegenentwürfe vor, die die Autoren nicht selten in politische Bedrängnis brachten. Die Zahl der russischen Kreativen und Intellektuellen, die verfolgt und verbannt wurden ist Legion. "Staatsgewalt" im Wortsinn ist ein Hauptthema der russischen Literatur, zu deren wichtigsten Werken nicht umsonst der Archipel Gulag von Aleksandr Solschenitsyn und Sergej Eisensteins "Panzerkreuzer Potemkin" gehören. Dies führte zur Entstehung verschiedener Parallelwelten, etwa der Welt der Diebe in den Gefängnissen, die komplett eigene Formsprachen und Symboliken entwickelten. Auch die Künstlerwelt des Moskauer Stadtteils Arbat war eine solche Gegenwelt: Mikhail Bulgakovs "Der Meister und Margarita" ist ein schwer zu übersetzender, satirischer Roman voller Geheimsprache und Ikonographie, der diesem urbanen Paralleluniversum entstammt. Die literarischen Miniaturen des Daniil Charms gehören zu den Extravaganzen. Auch er konstruierte absurde, verstörende und bitter-humorvolle Perspektiven auf das entbehrungsreiche Leben in der frühen Sowjetunion - wofür er mit seinem Leben bezahlte.

Die Liebe zur Technik und zum Schachspiel zu Sowjetzeiten, die auch dadurch bedingt waren, dass sie tendenziell unpolitisch und

damit eher ungefährlich waren, hat das Genre Science-Fiction beeinflusst: Yefremov, die Brüder Strugatski und Bulichov und in gewisser Hinsicht auch Isaac Asimov, der freilich schon als kleines
Kind mit seiner Familie in die USA kam.

Die genannten Kulturen stehen mit dem deutschen Medienschaffen
in engem Zusammenhang. Andere, wie etwa die Indischen oder die
Chinesischen haben zwar auch enorme Vielfalt an Themen, Charakteren und Stoffen, doch werden sie hierzulande kaum wahrgenommen. Welche großen chinesischen Stoffe fallen selbst einem ge-
bildeten Europäer auf Anhieb ein? Es sind zunächst wahrscheinlich
in erster Linie europäische oder westliche Interpretationen wie
etwa Disneys Mulan (1998) oder der Letzte Kaiser (1987). An zweiter Stelle kommen wahrscheinlich Kung-Fu Filme und Historienfilme wie Crouching Tiger, Hidden Dragon (2000). Diese, genau
wie die großen Hong Kong Martial Arts Filme haben oder besser,
hatten auf das deutsche Medienschaffen allerdings einen eher geringen Einfluss. Ähnlich verhält es sich mit Indien und der ara-
bisch-persischen Welt. Abgesehen von einigen klassischen Stoffen,
die seit Jahrhunderten in Europa bekannt sind, wie die Märchen-
sammlung aus 1001 Nacht, haben nur sehr wenige Stoffe wie
Slumdog Millionaire (2008) ein breiteres deutsches Publikum erreicht. Noch kleiner ist die Zahl der Werke, die einen Einfluss auf
das deutsche Medienschaffen hatte.

Storytelling kann man lernen

Das Erfinden von fiktiven Welten kostet nichts außer Zeit. Diese Welten festzuhalten und anderen zugänglich zu machen ist mit einfachsten Mitteln möglich. Im Zeitalter des Self-publishing kann mit geringem Aufwand sogar ein sehr großes Publikum erreicht werden. Doch Computer, Autoren-Software und ein Konto bei Amazon sind nicht die wichtigsten Werkzeuge eines Schriftstellers. Die zentralen Instrumente sind rein gedanklicher Art.

Das professionelle Erzählen von Geschichten ist immer auf den Markt ausgerichtet. Es geht darum, die Inhalte zu kommerziell interessanten Produkten zu machen. Daher muss der Erzähler bestimmte Erfahrungswerte kennen, die bei fast allen Stoffen in der einen oder anderen Art und Weise auftreten. Diese Erfolgsfaktoren sind:

- Aktstruktur
- Spezifische Welt
- Erzähl-Perspektive
- Figurenkonstellation

Ob einjähriger Bestseller oder langjähriger Kultroman - die meisten literarischen Stoffe, die sich zu Marken entwickeln konnten, verfilmt wurden und eine Fangemeinde um sich versammeln konnten, weisen eine mehr oder weniger klar dreigeteilte Aktstruktur auf.

Der erste Akt, im Kinofilm in der Regel die erste Viertelstunde, stellt eine Welt dar, die im zweiten Akt in Gefahr gerät und gerettet werden muss. Der dritte Akt zeigt die Welt nach ihrer Rettung. Der zweite Akt ist naturgemäß der längste. In ihm findet der dramatische Höhepunkt statt und die Verknüpfung von Haupt- und Nebenhandlungen. Hier treffen Protagonisten und Widersacher aufeinander, wie Kurt Vonnegut in seiner überaus unterhaltsamen Vorlesung über die Struktur von Geschichten aufzeigt.

Über die Aktstruktur ist viel publiziert worden. Blake Snyder hat in seinem Buch "Save the Cat" eine sehr detaillierte Anleitung für Drehbuchautoren erstellt. Sein System wendet die Aktstruktur eines Kinofilms auf die Minute genau an, und er kann nachweisen, dass fast alle großen Hollywood-Erfolge nach diesem Muster gebaut sind:

Der erste Akt zeigt die Hauptfigur, aus deren Perspektive die Geschichte erlebt wird. In den ersten paar Minuten tritt aber auch schon der Widersacher auf, zumeist in der Form einer Erwähnung oder einer Andeutung. Auch das Thema der Geschichte wird angedeutet, zumeist in der Form, dass eine Nebenfigur eine Weisheit von sich gibt, wie etwa "Man kann nicht alles haben". Ein antagonistischer Bösewicht wird nun versuchen, diese Weisheit zu widerlegen, was die Geschichte in Gang setzt. Die Hauptfigur sieht sich nun einer Situation ausgesetzt, die ihre Welt in irgendeiner Weise bedroht. Wenn die Hauptfigur ihre Welt bewahren will, muss sie handeln. Dies ist der Übergang zum zweiten Akt. Hier findet zunächst in der Regel eine Art Debatte über die Erfolgsaussichten statt. Die Hauptfigur orientiert sich und versammelt Unterstützer um sich. Eine Nebenhandlung eröffnet sich, in der das Thema der Geschichte mit anderen Vorzeichen behandelt wird. Die Aktivität der Hauptfigur ist zunächst dynamisch. Antagonist und Protagonist bewegen sich aufeinander zu. Die Konfrontation findet auf mehreren Stufen statt und eskaliert. Die Widersacher organisieren sich und bedrängen die Hauptfigur immer mehr, bis ein Moment entsteht, den Blake Snyder "all is lost" nennt. An dieser Stelle erscheint Todes-Symbolik und Verzweiflung. Die Hauptfigur ergreift wiederum die Initiative und nutzt einen Vorteil aus. Die Konfrontation am Übergang von zweitem zu drittem Akt kann von Überraschungen geprägt sein. Die Welt des dritten Aktes verbindet nun Elemente der beiden früheren Akte zu etwas Neuem. Die Hauptfigur ist nun, wie Joseph Campbell es in seinem Buch "Heros in tausend Gestalten" nannte, Herr zweier Welten.

Der Mechanismus der drei Akte setzt voraus, dass die Welt, in der die Erzählung stattfindet, mehr oder weniger geschlossen oder begrenzt ist. Die Hauptfigur darf zum Beispiel nicht die Option haben, einfach in eine andere Stadt zu ziehen, sich scheiden zu lassen oder den Beruf zu wechseln, wie das bei realen Konflikten vielleicht möglich wäre. Literarische Konflikte benötigen eine Arena, aus der nur ein einziger Sieger hervortreten kann. Die "Donnerkuppel" bei Mad Max 2 versinnbildlicht diese Notwendigkeit. Aus diesem Grund finden viele dramatische Erzählungen, Thriller und Krimis entweder in geschlossenen Bereichen wie dem Orient-Express, Raumschiffen, in Burgen oder Institutionen statt, oder die Figuren sind in der Lage, sich gegenseitig weltweit aufzuspüren, wie in vielen Spionagegeschichten. Die dramatische Anforderung lautet: Die Figuren dürfen sich nicht aus dem Weg gehen können.

Zusätzlich zur Aktstruktur und einer geschlossenen Welt benötigt eine Geschichte immer eine Erzählperspektive, also eine Sicht auf diese Welt, die sich das Publikum zu eigen machen kann. In der Regel ist diese Perspektive mehr oder weniger identisch mit der Sicht der Hauptfigur. Dies kann mit oder ohne Erzähler erreicht werden. Im "Name der Rose" ist der Erzähler sogar identisch mit der Hauptfigur, wobei Adso von Melk freilich als alter Mann zurückblickend von sich erzählt. Häufig genügt schon die Position der Figur im ersten Akt. Wer im ersten Akt als sympathisch dargestellt wird, gewinnt fast automatisch die Perspektive des Zuschauers für sich. Zuschauer und Protagonist verschmelzen für eine Weile. Dabei ist es unerheblich, ob der Protagonist ein Held wie Superman oder ein wenig tugendhafter Rüpel ist, wie Hancock. Die Perspektive allein sorgt bereits für ausreichend Sympathie.

Mit der Erzählperspektive entsteht auch der Blick auf die anderen Figuren der Geschichte. Sie ordnen sich um die Hauptfigur herum an und verändern ihre Position über die Geschichte hinweg. Sie nähern sich dem Protagonisten, entfernen sich oder laufen parallel zu ihm. Mit diesen drei Möglichkeiten sind die Verläufe von Freundschaften ebenso zu beschreiben wie Konkurrenzverhältnisse und

Feindschaften: Annäherung, Entfernung oder Wettlauf. Eine Konstellation von Figuren ist dann interessant, wenn sie auch unabhängig von der Hauptfigur funktioniert. Ein Schaubild der Beziehungen von literarischen Figuren sollte nicht einem zentralisierten Spinnennetz gleichen, bei dem alle Fäden auf die Hauptfigur in der Mitte zulaufen, sondern eher dem chaotisch gewachsenen Streckennetz einer U-Bahn mit Kreuzungen und Parallelverläufen. Fast jede Figur berührt sich mit jeder anderen. Nur so können sich Haupthandlung und Nebenhandlung schließlich auf interessante, weil unvorhergesehene Weise vereinen.

Neue Geschichten für den Markt entstehen nun dadurch, dass existierende Erfolgsmodelle modifiziert werden. Die drei Mechanismen lauten: Hinzufügen, Weglassen und Umbauen. Damit kann jede Geschichte in ihrer Gestalt bewahrt bleiben und gleichzeitig bis zur Unkenntlichkeit verändert werden. Joseph Campbell vertrat die Ansicht, dass so gut wie alle Heldengeschichten nach dem gleichen Muster konstruiert sind. Für das kommerzielle Erzählen bedeutet dies: Die Aktstruktur bleibt, ebenso die "Heldenreise", was sich verändert ist die Welt mit ihren Figuren und deren Konstellation.

Zum Beispiel: "Der Name der Rose" ist eine Geschichte, die im Mittelalter in einem Kloster spielt. Die Figuren sind Mönche verschiedener Orden, woraus sich die Konstellationen für Konflikte ergeben. Die Perspektive entsteht durch den Erzähler, der gleichzeitig eine der beiden Hauptfiguren ist, nämlich ein junger Mönch. In diesem Kloster finden rätselhafte Todesfälle statt, die von der anderen Hauptfigur, einem älteren Mönch, detektivisch aufgeklärt werden. Der Gegenspieler und Bösewicht ist ein uralter und fanatischer Mönch. Es geht um das Aufeinandertreffen von Vernunft und Ideologie. Im Zuge dieses Kampfes wird wertvolles Bildungsgut für immer zerstört.

Hinzufügen, Weglassen und Umbauen!

Um aus dem Namen der Rose einen weiteren kommerziellen Stoff zu generieren, darf man die Grundstruktur erhalten. Man kann allerdings das mittelalterliche Kloster ins Weltall versetzen, auf einen fernen Planeten oder in die Gegenwart, zum Beispiel auf einen Ozeandampfer. Die Mönche kann man ersetzen mit intelligenten Androiden und Menschen oder, wenn man einen Animationsfilm plant, mit intelligenten Einzellern, Ameisen oder erneut mit Robotern. Weglassen kann man die Bedeutung einer übergeordneten Kirche oder der Religion oder das Auftreten des Inquisitors. Hinzufügen könnte man zahlreiche weibliche Akteure. Die Todesfälle kann man ersetzen mit Sabotage-Aktionen oder geheimnisvollen Defekten, Unfällen oder Diebstählen. Der Konflikt zwischen Vernunft und Ideologie könnte sich vielleicht nicht länger um die Frage drehen, ob Mönche lachen dürfen oder nicht, sondern zum Beispiel um die Frage, ob ein noch nicht getestetes Medikament verkauft werden darf, ob ein riskantes Computerprogramm aktiviert werden sollte oder ob es Menschen erlaubt werden soll, Androiden zu heiraten.

Die Frage ist nun, ob eine Geschichte, die derart auf Umberto Ecos Werk basiert, mit gutem Gewissen als eigene Schöpfung bezeichnet werden kann. Wahrscheinlich nicht. Man bräuchte noch zwei oder drei weitere Stufen der Entfremdung. Umberto Eco seinerseits war eindeutig von den großen Krimi-Autoren beeinflusst. William von Baskerville ist nicht ohne Frage ein literarisch Verwandter des Sherlock Holmes, immerhin war der *Hound of the Baskervilles* einer der spektakulärsten Fälle. Er ist von seiner Methodik her auch verwandt mit dem mittelalterlichen Theologen und Logiker William of Ockham.

Tatsächlich verhält es sich im Hinblick auf geistiges Eigentum bei Geschichten anders als bei Patenten. Fast könnte man sagen, es sei genau entgegengesetzt. Technische Erfindungen können hinsichtlich ihrer Konstruktionsweise geschützt werden. Design, Farbe und Material sind schwieriger bis gar nicht zu schützen. Bei Geschichten ist es so, dass die Grundstruktur, also die Bauweise, sich in vielen Fällen auf geradezu unheimliche Weise ähnelt. Die Unterschiede liegen vor allem in den Gestaltungen der Figuren. Ein Autor, der die Sprechweise des Yoda aus *Star Wars* für seine eigene literarische Schöpfung, eine weise alte Frau im alten Ägypten übernimmt, würde schnell des Ideenraubs bezichtigt werden. Ein Autor, der aus Legolas und Gimli zwei verschieden große, sehr verschiedene und doch unzertrennliche Roboter macht und sie in eine Galaxie weit weit entfernt versetzt, kommt zu Recht ungeschoren davon: Beide Paare helfen einem Helden, die Welt gegen einen dunklen Fürsten zu befreien. Zorro ist wie Robin Hood aber in Mexiko; Hancock ist Superman mit einem Alkoholproblem, Sea Quest ist wie Star Trek aber unter dem Meer. Die Welt der literarischen Stoffe und Figuren ist hochgradig in sich selbst vernetzt.

Figuren können schnell umgebaut werden. Hier kommt vor allem die Regel vom Umbau zum Tragen. Aus "Mann mach Frau" lautet ein aktueller Trend, vor allem in Actionfilmen. Waren in den Achtziger Jahren waffentragende Kampfmaschinen von allem männlich, sind in den Neunziger Jahren und danach viele fast identische Figuren in Frauengestalt unterwegs. Zu ändern ist damit auch die Bewaffnung und Ausrüstung, aber vor allem die Sprechweise. Jede gut geschriebene Figur benötigt eine eigene Stimme. Auch hier kann man rein technisch vorgehen und die Grammatik anwenden. Es kann eine Figur sein, die stets ohne Genitiv spricht, wie die Erzähler in den Krimis von Wolf Haas, es kann eine Figur sein wie Chandler Bing, der Fragen mit Gegenfragen beantwortet oder der sich nur mit aufgeschnappten Bruchstücken von Sätzen verständigt, wie der Terminator. Eine Figur kann extrem viel fluchen, viele Verniedlichungen verwenden, sie kann in Reimen sprechen oder im Telegrammstil; sie kann viele Fremdwörter verwenden oder stets den falschen Artikel; sie kann rein bildlich spreche oder immer nur Klartext - all dies wird lange festgelegt, bevor Schauspieler und Regisseure darüber nachdenken, in welcher Stimmlage und mit welchem Akzent sie die Figur versehen wollen.

Storytelling kann man nicht lernen

Was bei Drehbüchern und der Stoffentwicklung von Filmen industriell möglich ist, funktioniert bei Romanen nicht. Es ist einfacher, das Drehbuchschreiben zu lernen als das Verfassen von Romanen. Drehbücher sind ihrem Wesen nach technische Anweisungen. Die Dialoge, so sorgfältig sie getextet sein mögen, durchlaufen viele Proben mit Schauspielern und verändern sich, sobald der Drehbuchautor das Manuskript abgeschlossen hat. Ein Roman durchläuft nicht derart viele Hände.

Ein Autor, der alle denkbaren Regeln des kreativen Schreibens verinnerlicht hat, benötigt außerdem einige Fähigkeiten, die man nicht so einfach erlernen kann. Vielleicht kann man sie auch gar nicht erlernen: Empathie, Beobachtungsgabe, Neugier und Sprachgefühl. Sind diese Talente angeboren oder anerzogen oder beides? Das ist schwer zu sagen. Sicher ist nur, dass sie nicht über Checklisten abzuarbeiten sind, wie die Anforderungen an die Formatierung eines Drehbuchs oder die Transformation einer Figur aus Genre A für das Genre B.

Haben Künstler ein anderes Gehirn als "normale" Menschen? Was ist Kreativität? Liegen Genie und Wahnsinn tatsächlich nah beieinander?

Diese Fragen tauchen in verschiedener Form immer wieder in der populären Wissenschaftspresse auf. Letzten Endes geht es um die Frage, ob man Talent erwerben kann oder nicht. Diese Frage ist ökonomisch relevant. Die großen Hollywood Studios der Vierziger Jahre versuchten das Problem damit zu lösen, dass sie eine Vielzahl von Autoren fest anstellten und jeden Tag von morgens bis abends einfach schreiben ließen. Die Hoffnung war, dass eins der Drehbücher gut genug sein würde, um es dann weiter zu entwickeln. Je mehr Autoren beschäftigt wurden, desto größer wurde die Wahrscheinlichkeit, dass ein gutes Manuskript dabei herauskam. Diesen Luxus kann sich heute kein Studio mehr leisten, auch wenn Pixar in gewisser Weise in dieser Tradition steht.

Vor allem in den Achtziger und Neunziger Jahren entstand unter Autoren ein neuer Sport, das Spec, also das auf Spekulation geschriebene Drehbuch. Autoren verlassen sich auf ihr Genie und entwickeln ein, wie sie hoffen, einzigartiges Drehbuch, das sie dann allen geeigneten Produzenten und Agenten anbieten, in der Hoffnung, dass ein Wettbieten entsteht. Tatsächlich können auf diese Weise teils sehr hohe Honorare erzielt werden. Die große Masse der Specs aber ereilt das Schicksal, das auch die meisten Romanmanuskripte ereilt. Sie werden reihum abgelehnt und schließlich vergessen. Hier kommt ein weiteres Talent vieler Autoren ins Spiel, das eigentlich nicht lernbar ist, nämlich die Beharrlichkeit und die Disziplin des Schreibens. Gute Autoren geben niemals auf. Sie setzen sich gegen alle denkbaren Widerstände durch, um ihr Werk schreiben zu können. Dies geschieht oft auf Kosten des Privatlebens, der Freizeit, des Familienfriedens und auf Kosten der finanziellen Sicherheit. Autoren ähneln dabei von der Mentalität her Unternehmensgründern, die mit ihrem Start-Up ähnliche existenzielle Risiken eingehen und auf großen Erfolg hoffen. Start-Ups und Manuskripte sind einander verwandt. Beide haben extrem hohe Versagerquoten. Beide werden von Menschen entwickelt, die sich nicht von Niederlagen abhalten lassen, umgehend wieder von vorne anzufangen. Diese Einstellung ist vermutlich ebenso genetisch veranlagt wie Sprachtalent oder Phantasiebegabung und das Vermögen, sich nicht nur in die Gefühle und Denkweisen anderer Menschen hineinzuversetzen, sondern diese auch weiterzuentwickeln.

Köche haben ihre speziellen Geheimrezepte; Maler mixen ihre Pigmente und Designer und Architekten bringen besondere Materialien zum Einsatz. Ein Autor hat die Tastatur und den Wortbestand seiner Sprache. Mehr ist nicht notwendig. Die Qualität der Handschrift spielt seit dem Mittelalter keine Rolle mehr, die Geschwindigkeit beim Tippen ist auch unerheblich geworden und in gewisser Weise sogar der Wortschatz und die Kenntnisse der Grammatik. Es genügt Durchschnittsbildung und rudimentärste Ausrüstung. Damit ist das Schreiben die demokratischste und die am wenigsten exklusive Kunst.

Ein Autor benötigt zum physischen Akt des Schreibens weder besondere Körperbeherrschung, noch Fitness wie die Musiker, Schauspieler oder die Tänzer; man benötigt keine speziellen Werkzeuge wie die Maler oder die Bildhauer. Dies ist auch der Grund, warum es beim Schreiben so schwierig ist, eine Grenze zwischen Profis und Amateuren zu ziehen. Wer schreiben kann ist Autor, das geht in der ersten Klasse der Grundschule los. Das UrhG sieht es ganz genauso. Die deutsche Sprache selbst macht keinen Unterschied zwischen der Fähigkeit, Worte aufs Papier zu bringen und der Fähigkeit, einen guten Text zu verfassen. Beides nennt sich schlicht "schreiben".

Storytelling ist Kommunikation

Das Klischee eines Schriftstellers ist von den Themen Einsamkeit, Verwahrlosung und innerer Zerrissenheit geprägt. In vielen Filmen und Fernsehspielen sind Autoren drogenabhängig oder alkoholkrank; einzelgängerisch und sozial weitgehend unverträglich. Nur äußerst selten werden Schriftsteller als umgänglich und kommunikativ dargestellt, wie etwa der Erfolgsautor Robin Masters in der TV-Serie Magnum PI.

Viele Autoren waren tatsächlich schwierige Charaktere, wie etwa Franz Kafka, Alkoholiker wie Brian O'Nolan oder öffentlichkeitsscheue, zurückgezogene Menschen wie Patrick Süßkind. Andere, wie Hemingway oder Steinbeck waren genau das Gegenteil. Was sie indessen alle miteinander verbindet, ist ein Talent für Kommunikation, wobei Kommunikation im weitesten Sinne zu verstehen ist. Erzähler offenbaren sich, auch wenn es nur über den Umweg einer Publikation ist und die Erzähler sich ansonsten keinem direkten Diskurs stellen, wie zum Beispiel der Schöpfer der Comic Serie Calvin und Hobbes, Bill Watterson. Was in den Augen der Fans oftmals als widersprüchliches Verhalten erscheinen mag, hat eine innere Logik. Erzähler, die sich offenbaren, müssen sich auch schützen. Sie offenbaren sich im Medium des gedruckten Wortes und schützen sich vor dem Medium der mündlichen oder direkten persönlichen Debatte, etwa in Talk-Shows im Fernsehen oder auch Interviews. Es ist klug, sich derjenigen Kommunikationskanäle zu enthalten, die man nicht beherrscht.

Die zentrale Frage ist, was eigentlich kommuniziert werden soll und warum. Hierzu gibt es unterschiedliche Antworten, auch, weil der Begriff dessen, was "Medien" sind, sehr verschieden verwendet wird. Die einen bezeichnen mit "Medien" generell eine komplette Branche, die davon lebt, Inhalte zu vermarkten, also Rundfunk, Zeitungen, Musik, Verlage, sowohl traditioneller Art als auch online. Einige bezeichnen mit dem Begriff vor allem journalistisch berichtende Medien. Andere bezeichnen mit "Medien" vor allem die

Materialien oder die Informationsträger selber, also Buch, VHS, Chip, CD, MP3, PDF oder eine uralte bemalte Tonscherbe.

Es gibt eine Menge weiterer Medien, die nicht als solche wahrgenommen werden, vor allem, weil sie sich nicht selbst als Medien darstellen, zum Beispiel der Gottesdienst. Die Predigt, eine klar definierte Literaturgattung, war über Jahrhunderte hinweg das wichtigste Medium des Abendlandes. Das gleiche gilt für Erntedankfeste, Schützenfeste und Karnevalsveranstaltungen, die allesamt aus einer Zeit stammen, als die Mehrheit der Europäer weder lesen noch schreiben konnte. Durch diese traditionellen Medien wurden konkret vorhersehbare Inhalte, aktuelle Nachrichten und Propaganda vermittelt, Werte, gesellschaftliche Ideale und die soziale Machtstruktur gefestigt oder angegriffen, genau wie heute über die modernen Medien auch.

Die Frage, was eigentlich kommuniziert werden soll, ist mit dem ersten Medien-Begriff wesentlich schwerer zu beantworten als mit dem zweiten oder dritten. Das Wort selber stammt aus dem Lateinischen und bedeutet nur "Mitte" oder "mittel", also etwas, das zwischen anderen Dingen steht. Mit Medien meint man in sprachlicher Hinsicht eine Art Instrument, ein Werkzeug, genau wie ein menschliches Medium eine Person bezeichnet, die zwischen der Welt der Menschen und der Welt der Geister zu stehen vorgibt.

Viele Unternehmen entdecken das Storytelling für ihre Marketing-Strategie. "Storytelling" ist zu einem Modewort geworden. Während Schriftsteller wie Hemingway ihre realen Erfahrungen aus Kriegen und Reisen in Kurzgeschichten steckten, Männer wie Tolkien ihre akademischen Sprachstudien in Mythen packten und damit einer weiten Leserschaft zugänglich machten, versuchen moderne Unternehmen mit den Methoden des Storytelling mehr Marktanteile zu erwerben. Autoren wie Unternehmen wollen sich mitteilen, ein Publikum erreichen und eine Wirkung erzielen. Beide Gruppen bieten sich einer Öffentlichkeit an, die sie damit auch formen oder beeinflussen wollen. Der Unterschied besteht darin, dass im Fall der Schriftsteller die Geschichte das Produkt ist, im Fall vieler Unternehmen die Erzählung ein Teil der Werbung für ein anderes Produkt ist, zum Beispiel ein Auto, ein Mobiltelefon oder eine Lebensversicherung.

Aus der Sicht der Erzähler gibt es gleich mehrere Motivationen, aus denen heraus Geschichten entstehen. Diese Motivationen berühren sich nur bedingt mit den Motivationen, aus denen heraus Zuhörer oder Leser diese Geschichten hören oder lesen wollen.

Innere Motivationen
- Neuinterpretation alter Stoffe (z.B. Nacherzählungen)
- Weiterentwicklung starker Geschichten (Sequels)
- Erfahrungsbewältigung (z.B. Satiren, Reiseberichte)
- Ausdrucksbedürfnis (z.B. Liebeslyrik, Brief)
- Erkundung neuer Welten (z.B. Science Fiction, Fantasy)
- Missionswunsch (z.B. Erbauungsliteratur, Heiligengeschichten)
- Revanchegedanken (z.B. Polemiken, Parodien)
- Aufklärungswunsch (z.B. Politische Literatur, Satire)
- Geltungsdrang (z.B. Vanity-Literatur)
- Schreiben als modus vivendi (z.B. Autobiografien, Blogs)

Äußere Motivationen
- Herstellungsauftrag (z.B. TV-Serien, Werbeclips)
- Bildungsauftrag (z.B. Schulbücher, Sachbücher)
- Gelderwerb (z.B. Spec Scripts, Serienromane)
- Unterhaltung (z.B. Kinderbücher)
- Instruktion (z.B. Ratgeber, Handbücher)
- Werbung (z.B. Propagandaliteratur)
- Reaktion auf Ereignisse (z.B. Erfahrungsberichte)

Schreiben ist auch eine Form des Nachdenkens. Es ist bekannt, dass lautes Denken, genau wie das Debattieren zu anderen, manchmal weitreichenderen Resultaten führen kann, als das stille Nachdenken. Das Denken mit den Fingern, das auch Musikern und Graphikern vertraut ist, bringt manche Autoren dazu, Dutzende von Büchern zu schreiben. Schreiben als Form des Denkens verlangt mehr

Struktur als das Denken im Gespräch. Die Aussagen stehen länger zur Debatte und werden häufiger korrigiert. Es ist ein Dialog des Autors mit sich selbst. Da sich jeder Autor zwangsläufig für interessant hält, hat der Dialog mit sich selbst stets etwas Reizvolles. Er kann in gewisser Weise süchtig machen. Mit Worten werden Gedanken sichtbar, und da der menschliche Geist immerfort Gedanken produziert, selbst im Schlaf, ist das Schreiben für manche Autoren geradezu ein ewiger Prozess. Dabei ist das Thema und das Genre nahezu gleichgültig. Autoren wie Stephen King oder P. G. Wodehouse, Schiller, Freud oder Lope de Vega haben Dutzende von Aufsätzen, Geschichten und Romanen geschrieben, Hunderte und sogar Tausende von Texten.

Für das allgemeine Publikum sind diese Beweggründe jedoch mehr oder weniger unerheblich. Leser und Zuschauer erwarten häufig Aspekte, die nicht oder nur bedingt im Blickpunkt des Urhebers waren. Dies ist vor allem der Fall, wenn es sich um nicht-professionelle Urheber handelt. Aus dem Verhältnis beziehungsweise dem Missverhältnis der beiden Motivationen ist der Erfolg einer Geschichte zu erklären. Dieser Erfolg kann monetär sein oder ideell.

Aus welchen Gründen setzen sich Menschen Geschichten aus? Der wichtigste Grund ist: Weil andere Menschen diese Geschichte bereits kennen. Nachahmung ist ein zentrales Grundprinzip auf allen Märkten. Je weniger überlebenswichtig ein Produkt ist, desto stärker ist die Macht der Moden. Bei Zucker, Salz, Strom oder Waschpulver gibt es nur geringen Spielraum für Trends. Das ist bei Büchern, Zeitschriften, Musik, Filmen und Games vollkommen anders.

Menschen gehen ins Kino oder kaufen Bücher, weil sozial einflussreiche andere Menschen dies zuvor auch getan haben. Diese Trendsetter haben Macht und sind für das Marketing von Medienprodukten eine zentrale Zielgruppe. Trendsetter sind Menschen mit einem großen Netzwerk, mit einer gewissen Vorbildfunktion und mit gesellschaftlichem Einfluss. Dieser Einfluss kann auf Reichtum basieren, auf sportlichem, künstlerischen oder gesellschaftlichem Erfolg. Es sind Menschen, mit denen viele andere Menschen gerne tauschen würden, Athleten, Unternehmer, Schauspieler, Politiker oder Aktivisten. Wenn ein Trendsetter ein Buch liest, lesen es seine Anhänger auch. Wenn ein beliebter Vorgesetzter einen Film gesehen hat und darüber spricht, schauen ihn sich seine Mitarbeiter auch an. Wenn sie es nicht tun, entfernen sie sich sozial von ihrem Vorbild ein wenig. Dies kann der Karriere schaden, also schaut man sich den Film lieber an. Die Weigerung, einer Empfehlung zu folgen, ist eine soziale Aussage. Trendsetter müssen keine Prominenten sein. Ein Trendsetter kann eine Mutter sein, deren Kinder in einen Kindergarten gehen und die sich gerne mit anderen Müttern unterhält. Wenn diese Mutter ein Buch zur Kindererziehung empfiehlt und andere Mütter das Buch ebenfalls kaufen, ist sie ein Trendsetter. Trendsetter können Teenager in einer Schule sein, Mitglieder eines Vereins oder einer politischen Partei, ganz normale Menschen, deren Empfehlungen andere tendenziell folgen. Wenn solche Menschen ein Qualitätsprodukt finden und weiterempfehlen kann ein Trend entstehen.

Amazon baut auf diesem horizontalen Modell seine Empfehlungen auf. Es ist dort weniger wichtig, wer der Empfehlende ist. Wichtig ist die Zahl der Empfehlungen und der Qualität. Im realen Leben achten wir jedoch sehr genau darauf, wer eine Empfehlung ausspricht und welche Qualität frühere Empfehlungen hatten.

In den ersten Jahrzehnten des Fernsehens, als es nur wenige Kanäle gab, wurde bei der Arbeit oder in der Schule am nächsten Tag das TV-Erlebnis des Vortages diskutiert. Trendsetting spielte nur eine geringe Rolle, weil es nur wenig Auswahl gab. Der Buchmarkt hingegen war schon immer unüberschaubar. Dennoch erreichen einige Geschichten ungeahnte Popularität. Charles Dickens oder Adalbert von Chamisso sind Beispiele aus vergangenen Jahrhunderten. Sie waren hoch populäre Modeautoren, die eine ganze Generation beeinflussten, ganz ähnlich wie James Joyce oder J.K. Rowling später. Auch Thomas Mann war so ein Schriftsteller. Seine Werke wurden von der Leserschaft ungeduldig erwartet, massenweise gekauft und diskutiert. Gleichzeitig gab es Kritiker, die nichts von seinen

Werken hielten und mit ihrer Kritik dazu beitrugen, dass der Diskurs über die Geschichten und den Verfasser noch an Masse gewann. Vielen anderen Autoren gelingt es nicht, noch zu Lebzeiten zu Ruhm und Erfolg zu gelangen. Dieser Einfluss kann ambivalent sein:

Von Goethe stammt eine Geschichte, die sogar auf tragische Weise überaus einflussreich wurde: Die Geschichte eines jungen Mannes, der sich unglücklich verliebt und schließlich Selbstmord begeht. Dieser junge Mann hießt Werther, und das Buch Goethes löste eine Modewelle aus. Das Buch machte ihn schlagartig berühmt. Leser begannen, sich wie die Hauptfigur zu kleiden, mit gelber Hose und blauer Jacke. Das Drama bestand jedoch darin, dass einige Menschen sich, genau wie die Hauptfigur das Leben nahmen. Der so genannte Werther-Effekt ist heute ein Fachbegriff in der Medien-Psychologie. Er bezeichnet Nachahmer-Suizide.

Die Frage ist nun, warum die Trendsetter sich Geschichten aussetzen und welchen. Es sind Gründe wie diese:

- Unterhaltung für sich oder Andere (z.B. Familie)
- Wunsch sich zu informieren
- Suche nach Inspiration
- Interesse an fremden Welten
- Genuss sprachlicher Vielfalt
- Eskapismus
- Freude an Spannung, Grusel, Unterhaltung
- Kontakt zu virtuellen Charakteren (und deren Darstellern)
- Überbrückung von Wartezeit

Menschen empfehlen ihre Erkenntnisse weiter, weil sie damit ihre eigene soziale Position festigen können. Wer eine Empfehlung ausgesprochen hat, der sich andere anschließen, ist einflussreich. Trendsetter, die sich ihrer Rolle bewusst sind, können daher unter Druck stehen, diese Rolle weiter auszubauen oder zu halten. Dies ist in der Welt der Mode genau so wie in der Musikbranche: Kritiker oder Beobachter einer Branche müssen immer etwas früher als andere von neuen Produkten wissen und darüber sprechen, dass sie davon wissen. Dies ist einer der Gründe, warum auf Fachmessen das Fachpublikum vom allgemeinen Publikum häufig getrennt eingelassen wird.

Lange Zeit war dies der mediale Unterschied zwischen Sport und Theater als Unterhaltungsform. Ein Theaterstück ist reproduzierbar. Jede Aufführung ist mehr oder weniger gleich. Empfiehlt ein Trendsetter ein Theaterstück, kann man seiner Empfehlung bei der nächsten Aufführung folgen. Dies war bis zur Erfindung der Video-Aufzeichnung von Fussballspielen oder anderen Wettkämpfen nicht möglich. Was beide miteinander verbindet ist die Spannung hinsichtlich des Ausgangs.

Literaturkritiker interessieren sich für Neuerscheinungen, Theater- und Filmkritiker gehen in Premieren. Literaturwissenschaftler und Filmwissenschaftler auf der anderen Seite befassen sich häufig mit alten Interpretationen und Werken. Sie sind fast nie Trendsetter.

Zwischen Neuerscheinungen und Klassikern besteht in dieser Hinsicht der Unterschied, dass das Ende unterschiedlich wahrgenommen wird. Wenn eine neue Staffel einer Erfolgsserie ins Fernsehen kommt, wird der Fortgang mit Spannung erwartet. Wer das Ende verrät, weil er etwa die Romanvorlage kennt, macht sich unbeliebt. Dies ist bei Klassikern anders. Jeder weiß, dass Pinocchio am Ende der Geschichte zu einem echten Jungen wird. Jeder kennt das Ende des Doktor Faust, der Desdemona, des Hamlet oder der Königin Kleopatra. Dennoch gehen Menschen ins Theater um sich ihre Geschichte anzuschauen. Bei Klassikern geht es eher um die Interpretation und die Darstellung als um den Inhalt. Aus diesem Unterschied leitet sich die in Deutschland als sehr stark wahrgenommene Trennung von Unterhaltungskultur und so genannter ernster Kultur ab. In der angelsächsischen Welt ist diese Trennung nicht so stark ausgeprägt.

Mächtige Trends entstehen vor allem im Bereich der populären Unterhaltung, weil die Zahl der Leser und Zuschauer dort größer ist. Daher werden exponentielle Effekte stärker wahrgenommen als bei kleinen akademischen Nischen.

Was unterscheidet U- und E-Kultur? Inhaltlich ist das schwer zu sagen, denn viele Werke, die heute als ernste, wertvolle Kultur wahrgenommen werden, wie die Blechtrommel von Grass oder viele Opern Mozarts galten zur Zeit ihrer ersten Veröffentlichung dem Mainstream als billiger Schund. Impressionistische Maler wie Monet, deren Werke heute unbezahlbar sind, wurden von einflussreichen Zeitgenossen als neumodische Schmierfinken bezeichnet. Man kann sich fragen, ob auch die uralten Höhlenmalereien von Lascaux zum Zeitpunkt ihres Entstehens in der Steinzeit als neumodischer Kram oder gefährliche Neuerung abgelehnt wurden.

Für das Phänomen, dass Werke der U-Kultur in den Bereich der E-Kultur wechseln können, gibt es viele Beispiele. Gerade, was die oben genannten Genres betrifft: Das Nibelungenlied ist ein Werk, das auch der Fantasyliteratur zuzuordnen wäre, genauso Goethes Faust und die Geschichte des Don Quixote, einer der ersten abendländischen Romane. Fritz Langs Metropolis ist einer der ersten Science-Fiction Filme, genau wie die Werke des Jules Verne und die Erfindungen des Leonardo da Vinci. Oder im Bereich des Kulinarischen: Was heute eine Delikatesse ist, war früher unter Umständen ein Armeleuteessen.

Es gehört zum Wesen menschlicher Gesellschaften, in Innovationen auch Gefahren zu sehen. Erfindungen wie die Kirchturmuhr, das Automobil, die Dampflok und die Buchdruckerpresse wurden als Bedrohungen der bestehenden Gesellschaftsordnung wahrgenommen. Kalender- und Rechtschreibreformen stoßen selten auf Begeisterung. Es scheint so zu sein, dass Gesellschaften für Innovationen Hürden aufbauen, die eine Art Filterfunktion haben. Gelingt es einer Innovation, einer neuen Geschichte, einer neuen Maschine oder einem Trend sich über diese Schwelle hinwegzubewegen, wird sie zum Mainstream. Überlebt sie lange genug, kann sie zum Klassiker werden. Vor allem Werke, die zunächst für Empörung sorgten, wie das Theaterstück Lulu, die Bergpredigt, die Lehren des Sokrates oder auch das Computerspiel Doom, hatten durch ihren anfänglichen Skandalcharakter das Potenzial zum Klassiker zu werden. Ohne Skandal ist die Chance, als Meme zu überleben, kleiner.

U- und E-Kultur

Allgemein wird der Begriff U-Kultur verwendet, um Inhalte zu beschreiben, die vor allem kommerziell sind und auf den Massenmarkt abzielen oder ihm entstammen. U-Kultur sind nach dieser Sichtweise Gebrauchsprodukte, Zeitvertreib, ohne höheren Bildungsauftrag. Ernste Kultur auf der anderen Seite bezeichnet oft Bereiche, die ohne öffentliche Fördermittel oder Zuschüsse nicht existieren können, wie die Oper und das Theater. Der kommerzielle Charakter fehlt weitgehend.

Ernste Kultur darf sozusagen keinen Party-Charakter haben. Inhaltlich sind es häufig Werke, die ernste Themen wie das Dritte Reich, menschliche Schicksale, Tod, Leiden und Sinnsuche beschreiben. Doch diese Themen kommen auch in Werken der Populärkultur vor. E-Kultur wird als irgendwie kulturell wertvoller betrachtet als U-Kultur. Der Markenwert von Werken der E-Kultur ist hingegen oft weitaus geringer. Auch die Akteure tendieren dazu weniger zu verdienen.

Es sind ferner häufig Werke vergangener Epochen oder Werke die auf eine kleine Nische ausgerichtet sind, deren Bewohner sich in irgendeiner Form als "Elite" wahrnehmen. Es ist bemerkenswert, dass gerade in Deutschland diese Trennung so ausgeprägt ist, denn die deutschen Kulturen sind ansonsten von Elitärem wenig begeistert. Deutschland ist in vielerlei Hinsicht ein Land, in dem viel Wert auf Gleichheit, oder zumindest "Chancengleichheit" gelegt wird. Dies sollte doch eigentlich dazu führen, dass auch in der Kultur wenig unterschieden wird zwischen populärem und elitärem. Vielleicht liegt es daran, dass im deutschen Kulturraum die Trennung von Öffentlichem und Privatem stärker ausgeprägt ist als etwa im anglo-amerikanischen Raum, ebenso die Trennung zwischen Beruf und Freizeit, die etwa in Japan für unsere Begriffe fast nicht existiert. Die starke Unterscheidung zwischen ernster Kultur und populärer Kultur ist unter anderem charakteristisch für die deutsche Kulturlandschaft.

Beispiele für E-Kultur
- Oper
- Theater
- Museen
- Heilige Messe
- Klassische Konzerte
- Ballett
- Biographien
- Autorenkino
- Dunkler Anzug
- Slow Food
- Vernissage
- Kommunales Kino

Beispiele für U-Kultur
- Musicals
- Volks- und Popmusik
- Karneval
- Krimis, Phantasy, Science-Fiction
- Computerspiele
- Blockbuster
- Sportgroßveranstaltungen
- Jeans und T-Shirt
- Fast Food
- Volksfest
- Multiplex Kino

Das Theater im alten Griechenland kannte die Unterscheidung zwischen ernster und populärer Unterhaltung auch. Dort war es so, dass häufig nach der Aufführung eines ernsten Stoffes, zum Beispiel der Antigone, die gleiche Geschichte noch einmal aufgeführt wurde, und zwar mit weniger bekannten oder guten Darstellern und wesentlich drastischer, zotiger, hemmungsloser und bösartiger - oder ehrlicher. Aus dieser Tradition stammt unser heutiger Begriff Satyrspiel. Der Sinn dieser Aufführung lag darin, das Publikum von den ernsten Themen der Tragödien zu befreien. Eine ähnliche Funktion hat der Karneval beziehungsweise die Fassnacht. Im alten Rom gab es den Ausdruck "Brot und Spiele". Heute würde man sagen, "Fast Food und Entertainment", wobei der Ausdruck "Spiele" einen anderen Sinn hatte, da er auch Gladiatorenkämpfe umfasste. Diese Spiele gibt es heute noch bei "Ultimate Fighting" aber vor allem in Filmen wie "Running Man", "The Tournament" oder "Battle Royale". Die Faszination hat sich nicht geändert.

Sequels und Prequels

Geschichten bringen es mit sich, dass Leser und Zuschauer mehr verlangen. Sie wollen erneut mit den Figuren der Erzählung auf Abenteuer ausziehen und das Gefühl der Spannung und Neugier noch einmal erleben, das sie beim ersten Kontakt mit der Geschichte spürten. Dies ist naturgemäß nur schwer zu erreichen. Der erste Kontakt kann nicht wiederholt werden. Aber er kann vertieft werden. Abhängigkeiten im Allgemeinen entstehen oft auf diese Weise. Nach einem eindrucksvollen, positiven Erlebnis wird versucht, dieses Erlebnis zu rekonstruieren. Dabei wird häufig eine Überdosis des Eindrucks angestrebt. Wenn Geschichten dies tun, lässt ihre Qualität nach.

Es gibt verschiedene Methoden, wie Geschichten verlängert werden können. Man kann den Zeitstrahl, auf dem sich jede Handlung bewegt in zwei Richtungen ausweiten: in die Zukunft und in die Vergangenheit. Eine Form der Weiterführung von Geschichten ist das Historisieren; eine andere ist das Wiederholen.

Prequels wie etwa X-Men Origins (2009) zeigen die Genese von Figuren und setzen viel an Wissen und auch Toleranz seitens der Fans voraus. Sequels wie etwa Police Academy 2 oder Toy Story 2; wiederholen das Grundkonzept des ersten Teils mehr oder weniger exakt.

Es ist schwer, eine gute Wiederholung zu produzieren. Hierin lag zum Beispiel das dramaturgische Problem der Harry Potter Serie. Im Grunde zeigt jeder Band der Serie die gleiche Geschichte: Harry Potter verteidigt sich gegen Lord Voldemort. Die Konstellation der Figuren ist immer gleich. Anders ist es bei Star Wars oder den Terminator-Filmen. Dort wechseln die Antagonisten über die Zeit die Seiten. Darth Vader, der in den frühen Filmen der Bösewicht war, tritt in späteren Folgen als Protagonist und Sympathieträger auf. Am Ende der Saga wird er erlöst. Auch der Terminator, ein Killer-

Roboter aus der Zukunft tritt zunächst als Bösewicht auf und wechselt dann die Fronten. Die Konstellation zwischen Hauptfigur und Widersacher wandelt sich grundlegend. Eine dritte Form der Verlängerung einer Geschichte ist bei den Filmen über Aliens und Predators zu beobachten. Beide fingen ähnlich an. Ein Monster jagt eine Gruppe von Menschen. Am Schluss bleibt nur ein Mensch übrig, der sich dem Monster stellt und gewinnt. Diese beiden Stoffe wurden fusioniert. Damit erlebt die fiktive Welt, in der es Aliens und Predators gibt, eine enorme Vergrößerung. Die Welt wuchs nicht beständig in die Zukunft und die Vergangenheit, sondern erfuhr einen Sprunghaften Zuwachs um ein zweites, bereits bestehendes Universum. Man spricht von einem Crossover. Die Filme, Predator (1987), Predator 2 (1990), Predators (2010), beziehungsweise Alien (1979), Aliens (1986), Aliens 3 (1992) Alien Resurrection (1997) bilden für sich jeweils eine mehr oder weniger lineare Serie. Sie fusionieren in den Filmen Alien vs. Predator (2004) und Alien vs. Predator Requiem (2007) zu einem mehrdimensionalen Universum und gehen dann in Prometheus (2007) über, einen Film, der die Hintergründe der Alien-Rasse beleuchtet. Man spricht von einem Spin-Off.

Crossover und Spin-Off zu erreichen ist wesentlich schwerer, sowohl erzählerisch als auch rechtlich, wenn die Rechte an den Stoffen nicht oder nicht mehr beim Verfasser liegen. Es sind wesentlich mehr Akteure beteiligt. Daher neigen Autoren eher dazu, bereits erfolgreiche Konzepte mehr oder weniger zu wiederholen, wie etwa im Fall der meisten Winnetou-Abenteuer oder bei den meisten Geschichten von Asterix und Obelix. Bei Filmen über Superhelden besteht das Problem, dass die Entstehung des Superhelden, sein Aufstieg zum Übermenschen in einem Sequel an sich nicht gut wiederholt werden kann. Im zweiten Teil muss der Superheld seine Superkräfte schon haben. Das schwächt jedoch den erzählerischen Reiz der Geschichte. Daher greifen kommerzielle Erzähler häufig zu dem Trick, die Heldengestalt entweder zu schwächen, wie dies bei vielen Batman Geschichten der Fall ist oder aber sie immer stärkeren Gegnern auszusetzen, wie bei den meisten Abenteuern des Superman. In dem Monster Doomsday findet er schließlich einen ebenbürtigen Gegner. Beide sterben in der Auseinandersetzung. Damit ist die Geschichte von Superman erzählt. Wir kennen seine Ankunft auf der Erde, seine Abenteuer und seinen Tod. Um nun weitere Geschichten von Superman erzählen zu können, muss die Oberfläche des Universums vergrößert werden. Dies kann man durch Zeitreisen und Parallelwelten und Multiversen erreichen, durch Doppelgänger und durch das Einfügen von Zwischenabenteuern. Mit jeder Fortsetzung einer Geschichte entsteht die Gefahr von logischen Fehlern. Je weniger linear ein Franchise aufgebaut ist, desto größer ist diese Gefahr. In den Zurück in die Zukunft Filmen werden diese logischen Schwierigkeiten des Erzählens auf parodistische Weise dargestellt.

Welche anderen Probleme können Geschichten aufweisen? Die Liste ist lang. Hier sind einige der wichtigsten Schwächen:

- Plagiat
- Logische Fehler
- Langweiliger Plot
- Fehlende Aktstruktur oder Gliederung
- Vorhersehbares Ende
- Fehlende Wendungen

- Klischeehafte Darstellung der Figuren
- Veraltete Sprache
- Fehlerhafte oder allzu korrekte Sprache
- Langatmigkeit
- Zu wenig Abwechslungsreichtum
- Unausgewogenheit der Akte oder Gliederung
- Unrealistische Dialoge
- Moralisierende Passagen
- Unzugängliche Figuren und Charaktere
- Unzugänglichkeit der fiktiven Welt

Der erste Teil der Liste beschreibt strukturelle Probleme, der zweite stilistische. Stilistische Probleme kann man durch Lektorat oder Neufassung beheben. Strukturelle Probleme können so schwerwiegend sein, dass sie die Umsetzung einer Geschichte unmöglich machen.

Das Plagiat macht eine Geschichte zunichte. Wenn der Autor oder die Verfasserin fremdes Gedankengut übernommen hat ohne es so in eine eigene Leistung zu integrieren, dass etwas Neues entsteht, ist die Geschichte auf dem Markt nicht überlebensfähig. Allein das Gerücht, eine Geschichte könnte "geklaut" sein, macht sie tabu.

Die meisten Geschichten sind keine Plagiate. Die meisten Geschichten sind langweilig. Das ebenfalls ein verheerendes Urteil. Wir sprechen es aus, auch ohne eine Theorie der Langweile zu haben. Fast jeder kennt und erkennt die Langeweile. Aber wie entsteht sie? Kann man ein Rezept für Langeweile entwickeln, um es quasi als Impfung einzusetzen?

Das Verhältnis von Schriftstellern oder allgemein Künstlern zum geistigen Diebstahl ist mindestens zwiespältig. Kaum ein Künstler kommt ohne massive Einflüsse anderer auf neue Ideen; vielleicht gibt es auch nur eine bestimmte Menge von Grund-Ideen und der Rest ist Kombination? Aristoteles zumindest war dieser Ansicht, als er behauptete, es gäbe nur vier Arten von Geschichten, einfache und komplizierte, und diese seien entweder komödiantisch oder tragisch.

Anders als die Wissenschaft (vor allem bei gestohlenen Fussnoten in Doktorarbeiten von Politikern) kennt die Kunst im Grunde kein geistiges Eigentum. Ein echter Künstler stellt sein Werk der Welt zur Verfügung. Mit Fertigstellung des Werks verlässt es den Besitz des Künstlers und betritt die Welt, auch wenn das Copyright beim Urheber verbleibt.

Wenn es nicht nur vom Publikum, sondern auch von anderen Künstlern aufgegriffen wird, umso besser! Die Frage, wo ein geistiger Diebstahl beginnt, ist im engeren Sinn ein Thema für Juristen und Vertriebler. Aus der Sicht der Kunst gibt es allenfalls zwei verschiedene Typen von geistigem Diebstahl: Solchen, den man selber begeht und solchen, dessen Opfer man wird. Beide sind zu begrüßen, auch wenn wirtschaftlicher Schaden entstehen kann.

Der erste Fall ist interessant, denn die Schwelle zwischen bewusstem Ideenklau und starkem Einfluss ist niedrig. Mit Sicherheit gibt es über-ähnliche Werke, die aus dem Bedürfnis heraus entstanden sind, das ursprüngliche Werk zu verlängern, und damit auch die Freude, die dieses Werk mit sich gebracht hat. Fan-Fiction ist eine literarische Gattung, die ganz auf diesem Aspekt beruht. In der bildenden Kunst war Picasso, in der Musik die Beatles vermutlich die größten Diebe - und zwar zum Wohle fast aller, einschließlich der Bestohlenen, die als Vorbilder und Inspirationsgeber in die Geschichte eingegangen sind.

Wird man als Autor selbst bestohlen, so kann das (abhängig von der Identität des Diebes) ein Kompliment sein, es kann - wie in den meisten Fällen - gänzlich unbemerkt bleiben und es kann ärgerlich sein, wenn die Nachfolger wirtschaftlich stärker sind als das Original. Plots, Settings und Themen von Geschichten sind allerdings ihrem Wesen nach Open Source. Dennoch gibt es Tabus, zum Beispiel den Diebstahl von Pointen oder Witzen unter Comedians.

Langweilige Geschichten

Langeweile ist übermäßige Abwesenheit von Spannung. Eine Geschichte, die keine Emotionen vermittelt oder auslöst, ist langweilig. Das Wort beschreibt den Zustand: Die Zeit will nicht enden. Während eine gut geschriebene Geschichte Emotionen auslöst, die körperlich erfahrbar sind, fehlen Körperreaktionen bei langweiligen Geschichten. Wir kriegen keine Gänsehaut, raufen uns nicht die Haare; uns kommen nicht die Tränen. Diese Abwesenheit von Körperreaktionen ist der stärkste Indikator. Langeweile dämpft Körperreaktionen. Wir schlafen ein oder wandern geistig ab.

Aber dies ist noch keine Beschreibung dessen, was Langeweile hervorruft. Das Konzept der Langeweile hat Philosophen interessiert.

Schopenhauer, Pascal und Heidegger haben Texte dazu geschrieben. Schriftsteller wie Oscar Wilde und Douglas Adams haben sich Gedanken dazu gemacht.

Um eine langweilige Geschichte zu schreiben, muss man von den Meistern lernen, zum Beispiel Sportlern, die versuchen, bei Interviews über ihre Leistungen zu sprechen, von Weinkennern, die versuchen, Geschmacksrichtungen in Poesie zu gießen. Dies ist die erste Regel der Langeweile:

Sage das Offensichtliche: "Wir waren die bessere Mannschaft und haben gewonnen." Wenn man diese Mini-Geschichte noch schlimmer machen will, kann man die zweite Regel der Langweiligkeit anwenden, nämlich Zahlen und Fakten nennen, die man sich kaum merken kann oder will. Diese Technik kann man von Tour Guides lernen, wenn sie die Höhe und Breite von Bauwerken nennen, vor denen man gerade sowieso steht. Dazu kommen übergenaue Beschreibungen, die für die Handlung oder die Darstellung der Figuren nicht wesentlich sind. Schlechte Autoren beschreiben Dinge, die keine Beschreibung verdienen. Damit verwirren sie ihre Leser. Je mehr Worte auf ein Thema entfallen, desto wichtiger wird es in der Wahrnehmung der Leser. Verwirren der Leser ist eine Untugend, die man nicht mit dem Legen falscher Spuren verwechseln darf. Falsche Spuren verwirren nicht, sondern bringen den Leser dazu logische Schlussfolgerungen anzustoßen, die sich aber als falsch herausstellen. Verwirrung ist geradezu das Gegenteil. Wer irritiert ist, steigt für eine Weile gedanklich aus und sucht nach Erklärungen. Die können sehr unterschiedlich ausfallen. Das ist das Ende jeder Spannung.

Eine weitere Regel für langweiliges Schreiben lautet: Es darf keine Wendung innerhalb der Handlung stattfinden. Dinge und Begriffe dürfen ihre Bedeutung nicht verändern, die Perspektive muss immer die gleiche bleiben und es darf kein Aha-Effekt eintreten. Ebenso darf die Geschichte, dies ist eine weitere Regel, keinen Subtext haben. Man soll die Geschichte nur auf eine Art und Weise lesen können und nicht etwa gleichzeitig als Märchen für Kinder und eine Satire des modernen Großstadtlebens. Langweilige Geschichten müssen ferner gesellschaftliche Normen als gegeben hinnehmen und dürfen sie nicht diskutieren oder aus neuen Blickwinkeln betrachten. Sie haben kein Geheimnis und damit keine doppelten Bedeutungen oder Zweideutigkeiten. Aus diesem Grund sind langweilige Geschichten niemals humorvoll. Sie sind zu ernst, genau wie Menschen, die als humorlos gelten, sich häufig selbst zu wichtig nehmen. Aus diesem Grund sind Reden von Berufspolitikern oft so öde, selbst, wenn sie im vermeintlich humorvollen Gewand einer Büttenrede daherkommen. Ein guter Autor indessen stellt sich selbst permanent in Frage. Er weiß, dass er unvollkommen ist und äußert seine Gedanken dazu auf rücksichtslose Weise. Eine wertvolle Technik für langweiliges Schreiben ist auch, auf eine Überarbeitung des Manuskripts zu verzichten und statt dessen seine eigenen spontanen Gedanken für unbedingt originell zu halten.

Gute Geschichten

Starke Geschichten haben eine faszinierende Eigenschaft: Sie sind sowohl in Kurzform als auch in längerer und längster Gestalt interessant. Die Zusammenfassung auf dem Buchrücken ist so interessant, dass man sich den ganzen Roman kauft. Die alten Griechen hatten eine Theorie darüber, wie ein Theaterstück funktionieren solle, nämlich indem es im Zuschauer drei Emotionen weckt. Die erste Emotion ist das Mitgefühl, die Sympathie und das Verständnis. Auch aus diesem Grund werden viele Heldenfiguren als Waisen dargestellt.[4]

Das Mitgefühl kommt an erster Stelle. Wenn ein Leser nicht mit der Hauptfigur fühlen kann, so besteht kein Anlass, die kommenden Stunden mit ihr zu verbringen, es sei denn, man wäre durch äußere Gründe dazu gezwungen, wie etwa, wenn eine Schulklasse ins Theater muss. Zwang ist der Feind der Spannung. Das Mitgefühl wurde auch von Blake Snyder als zentral erkannt. Er nannte sein Buch über das Schreiben danach: *Save the Cat!* Dies ist der Moment in vielen Geschichten, wenn der Held oder die Hauptfigur etwas tut, das ihn sympathisch macht, etwa, indem er einem Schwächeren hilft. Sobald diese emotionale Bindung zwischen Zuschauer und Hauptfigur etabliert ist, muss die Figur in Gefahr geraten. Der Zuschauer muss beginnen, um sie zu bangen und sich fragen, wie es der Figur gelingen wird, sich aus der Lage zu befreien. Gute Geschichten haben immer irgendwie mit dem Thema "Befreiung" zu tun. Das Leben oder die Gesundheit der Figur muss auf dem Spiel stehen. Man spricht von Fallhöhe. Je mehr auf dem Spiel steht, desto existenzieller ist die Geschichte. Die dritte Emotion ist die Erlösung, die Katharsis oder die Erleichterung. Der Moment, wenn man aufatmet und weiß, dass alles gut sein wird, auch wenn die Kosten für den Sieg unter Umständen katastrophal hoch waren. Die meisten Geschichten weisen diese Struktur auf, von den orientalischen Mythen der Vorzeit, der Passionsgeschichte Christi im Neuen Testament bis hin zu Hollywood Blockbustern.

Die Figuren in spannenden Geschichten sind so charakterisiert, dass sie etwas Eigenes haben, an dem sie wiedererkannt werden können. Die große Nase des Cyrano, die gestreifte Hose des Obelix, die Narbe an der Stirn des Harry Potter. Zorro hat seine Maske, Superman trägt ein S auf der Brust. Long John Silver hinkt und Pumuckl hat einen unbändigen Schopf von roten Haaren. Viel mehr benötigt eine Figur nicht. Die Verbindung eines Charakters mit einer Handvoll von Eigenschaften genügt bereits, um ein Gefühl der Vertrautheit herzustellen, das für die erste Emotion, Mitgefühl, notwendig ist.

Spannende Geschichten sind zugänglich. Das ist nicht das gleiche wie oberflächlich. Zugänglichkeit bedeutet, dass die Geschichte, wie Trichter funktioniert. Die Zuschauer oder Zuhörer kommen in unterschiedlicher Stimmung und aus unterschiedlichen Richtungen zu der Erzählung und verlassen sie mehr oder weniger einheitlich ausgerichtet. Diese Eigenschaft von Geschichten macht sie zu wirkungsvollen Instrumenten des Marketing und der Propaganda und der Gegenpropaganda. Humorvolles Erzählen ist kein Selbstzweck oder eine reine Stilfrage. Humor ist ein wesentlicher Indikator für Intelligenz. Zuhörer oder Leser wollen sich von intelligenten Erzählern unterhalten lassen. Aber die Geschichte muss so erzählt werden, dass sie selbst von weniger intelligenten Zuschauern (oder solchen, die nur wenig Intelligenz in eine Geschichte investieren wollen), verstanden wird. Das Bindemittel hierfür ist der Humor.

Fesselnde Geschichten bieten ihren Inhalt sowohl wörtlich als auch figurativ. Man spricht von Symbolik. Je nach Epoche ist diese Technik mehr oder weniger ausgeprägt. In der Belle Epoque war es üblich, ähnlich wie in der Zeit der Gotik, Geschichten ebenso wie Bauwerke mit Symbolik zu überladen. Jedes Detail verriet eine Geschichte oder einen Hintergrund. Andere Epochen, wie die Romanik oder auch die Zwanziger Jahre des 20. Jahrhunderts waren eher symbolarm. Doch ganz verschwunden waren sie nie. Symbole oder Metaphern sind Sprachbildern, die von Autoren eingesetzt werden, um Dinge, Gefühle oder Werte zu nennen ohne sie ausführlich zu beschreiben. In vielen alten Vampirfilmen erscheinen Ratten als Symbol für die Krankheit und die Gefahren, die Vampire mit sich bringen. Hollywood setzt häufig Regenwetter und Sonnenschein ein, um innere Gefühlslagen der Figuren auszudrücken. In Serien wie Family Guy werden diese Klischees übertrieben und auf absichtlich unpassende Weise eingesetzt und erreichen damit komische Effekte. Die Komik entsteht, weil die Symbole aus dem Hintergrund in den Vordergrund treten und damit ihre Rolle als stumme Bedeutungsträger brechen. Spannende Geschichten bieten neue Symbole oder verwenden bekannte Symbole auf neue und innovative Art.

John Vorhaus hat in seinem Buch "The Comic Toolbox" die These aufgestellt, dass jede humorvolle Wendung immer eine Mischung aus Wahrheit und Schmerz in sich tragen muss. In fast jedem Witz oder Gag, in jeder Pointe stecke eine solche schmerzliche Wahrheit. Seine These trifft auch auf Geschichten im Allgemeinen zu:

Oliver Twist muss erfahren, dass Erwachsene darüber entscheiden, ob wir als Kinder genug zu essen bekommen. Herakles muss einsehen, dass selbst ein Halbgott den Befehlen seines Königs folgen muss; Mrs. Robinson wird die Lehre erteilt, dass einmal der Tag kommt, an dem ihre Kinder über ihr Leben selbst zu entscheiden beginnen. Der Planet der Affen lehrt uns, dass die menschliche Herrschaft über die Erde eines Tages enden wird.

Diese schmerzhaften Lehren oder Wahrheiten treten an allen möglichen Stellen einer Geschichte auf - immer wieder. Im Herrn der Ringe beispielsweise ganz am Ende noch einmal, wenn die beiden unzertrennlichen Hobbits Frodo und Sam schließlich doch getrennte Wege gehen müssen.

Jeder bedeutende Charakter einer Geschichte hat einen Schmerz in sich: Verlust, Niederlagen, Scham, Schulden, Sucht, Krankheiten, Ängste und traumatische Erfahrungen.

Der Schmerz des Helden spiegelt sich im Schmerz seines Widersachers häufig wider. Die Art und Weise wie literarische Figuren mit ihrem Schmerz umgehen, macht sie zu Helden, Vorbildern, Schurken, abschreckenden Beispielen oder einfach zu Nebenfiguren.

Batman muss den Mord an seinen Eltern verarbeiten, genau wie Mr. Freeze die Krankheit seiner Frau oder der Pinguin die Tatsache, dass er als Kind gemobbt wurde. Harry Potter litt unter dem Tod seiner Eltern, sein Feind Voldemort litt darunter, dass sein Vater ein *Muggle* war und tötete ihn.

Schreiben ist eine Passion. Das Wort stammt aus dem Lateinischen und bedeutet "Leiden". Im Deutschen kennen wir das Wort *Leidenschaft*, denken dabei aber selten an die Wurzel des Begriffs. Ein Autor, der eine gute Geschichte schreiben will, muss sich mit dem Leid auseinandersetzen, dem seine Figuren unterworfen sind. Wenn das Leiden fehlt, ist es schwer, Mitleid mit den Figuren zu empfinden. Das entfernt den Zuschauer von den Figuren; die Geschichte wird langweilig.

Perspektiven

Die Perspektive des Erzählens entscheidet darüber, welche Charaktere als Haupt- oder Nebenfiguren empfunden werden und welcher Teil eines Konfliktpaares als Protagonist empfunden wird. Perspektiven sind auch wichtig, was die Konstruktion einer Figur an sich betrifft. Jede literarische Figur, die eine wichtige Funktion in einer Geschichte einnimmt, braucht eine spezielle Sichtweise auf die Welt. Ohne individuelle Perspektive kann es keine Konflikte mit anderen Figuren geben. Perspektiven literarischer Figuren sind Handlungsmaximen, nach denen sie aktiv werden. Man könnte auch *Motto, Programm* oder *Mission* dazu sagen. Literarische Charaktere brauchen mehrstufige Perspektiven, wenn sie über längere Zeit Teil einer Geschichte sind. Je vertrauter die Figur wird, desto mehr gibt sie von ihrer Perspektive preis. Diese Schichten zu erkunden ist eine Motivation von Zuhörern oder Lesern, die Handlung weiter zu verfolgen.

Dagobert Duck zum Beispiel hasst es, Geld auszugeben. Er spart wo immer er kann, obwohl er bereits die reichste aller Enten ist. Diese Perspektive wird schnell klar. Wozu aber, so fragt man sich, braucht er eigentlich sein Geld, das er bar in seinem Geldspeicher aufbewahrt? Diese Frage wird in unzähligen Geschichten immer wieder neu beantwortet. Jedesmal entblättert sich eine neue Perspektive: Er will seine Wettbewerber ausstechen oder übertrumpfen. Er will die Panzerknacker und die böse Hexe *Gundel* demütigen. Er sucht seltene Artefakte und magische Gegenstände. Vielleicht will er auch einfach seinen Erfolg wiederholen, den er erfuhr, als er seine erste Münze, den inzwischen sagenhaften Glücksthaler verdiente. Onkel Dagobert teilt seinen Reichtum nicht mit seinen Neffen und Großneffen, weil er weiß, dass Reichtum verdient werden muss. Insofern ist er verantwortungsvoll, auch wenn er dabei häufig wie ein geiziger und kleinlicher alter Mann handelt. Auch Donald Duck hat ein ganzes Bündel solcher Perspektiven. Zusammen mit denen seines Onkels Dagobert entsteht ein Spielfeld für stets neue Konstellationen und Konflikte. Je wichtiger eine Figur, desto mehr Perspektiven hat sie. Die Panzerknacker haben nicht so viele Perspektiven wie die Enten. Aber auch bei ihnen gibt es Schichten. Sie wollen den Geldspeicher ausräumen. Sie kümmern sich umeinander. Sie haben Familiensinn. Die Panzerknacker sind gute Verlierer und geben - ähnlich wie Donald Duck niemals auf, egal wie oft sie Niederlagen einstecken müssen.

Vielschichtige Perspektiven sorgen für eine vielschichtige Welt. Zusammen genommen drücken sie gewisser Weise die Philosophie des Verfassers aus. Die fiktive Welt besteht damit nicht nur aus Kulissen und Gegenständen, sondern aus Interessen. Das macht sie lebendig.

In seiner riesenhaften Saga "A Song of Ice and Fire" greift George R. R. Martin zu einer entsprechenden Technik. Anders als viele seiner Vorgänger, wie etwa Tolkien oder Homer, erzählt er die epische Breite der Vorgänge strikt aus der Sicht der Beteiligten. Jedes Kapitel der Romane trägt den Namen einer Figur in der Überschrift. Der Leser erfährt jede Perspektive aus erster Hand. Mit jedem neuen Kapitel, das einer Figur gewidmet ist, enthüllt eine Figur mehr von ihrer Perspektive und ihrem Hintergrund. Gleichzeitig treibt dies die Handlung weiter voran, denn Perspektiven sind Handlungsanleitungen. Eine Figur wie *Brienne of Tarth* beispielsweise hat die Perspektive, dass ritterliches Verhalten nicht verhandelbar sei. Ihr Ehrenkodex macht sie berechenbar. Sie beschützt die Schwachen, sie bricht ihr Wort nicht, sie foltert nicht und sie ist ihrem Lehnsherren unbedingt treu. Sie reist allein und reagiert nicht oder nur selten auf Beleidigungen. Diese Perspektive bringt sie in gefährliche Situationen, wenn sie mit Gegnern konfrontiert wird, die ihre Perspektive nicht teilen.

Noch ein Beispiel: Doktor Faust ist ein Gelehrter. Obwohl er viele Fächer studiert und gemeistert hat, ist er unzufrieden. Er hat die Einsicht gewonnen, die auch Sokrates vor ihm hatte, nämlich, dass er nichts weiß. Anstatt sich mit dieser Erkenntnis zu begnügen, quält er sich, was den Teufel auf den Plan ruft. Faust verkauft sein

Seelenheil. Der Teufel, Mephisto, verspricht ihm dafür einen Moment des Glücks, in dem Faust seine gesamten früheren Frustrationen vergessen wird. Als typischer Gelehrter hat Faust die Welt des Körperlichen nicht kennen gelernt. Aus dieser Konstellation heraus ergeben sich für Autoren, die sich mit dem Fauststoff beschäftigen unzählige Möglichkeiten, das Thema zu diskutieren, das sie als zentral für die Geschichte wahrnehmen. Der Kontrast der Perspektiven erlaubt es auch, zwei Motoren der Handlung aufzubauen, die häufig in Konkurrenz zueinander stehen: Soll die Geschichte in erster Linie einen Charakter und dessen Entwicklung portraitieren oder soll es um eine Handlung gehen?

Unter anderem hat Hollywood in Deutschland einen problematischen Ruf, weil die oben gestellte Frage anders als hier beantwortet wird. Hollywood setzt in der Mehrzahl seiner Filme ganz eindeutig auf die Handlung. In Deutschland ist diese Tradition viel schwächer. Die gewichtigen deutschen Autoren, die ganze Generationen von Lesern prägten, wie Grass und Böll etwa legten kaum Wert auf Handlung. In der Blechtrommel gibt es im Grunde gar keine Handlung, ähnlich wie in den Buddenbrooks. Dies sind vielmehr Geschichten, die über viele Jahre hinweg laufen und die Entwicklung von Familien darstellen. Es geht um die Entwicklung der Figuren. Welche Schritte machen die Charaktere, wie nehmen sie die Welt wahr? Wenn solche Stoffe verfilmt werden, muss massiv in die Struktur eingegriffen werden. Der kleine Oskar kommt auf die Welt und erkennt die Erwachsenen als schlecht. Daher beschließt er, nicht groß zu werden. Das ist die Handlung der Blechtrommel. Dennoch hat das Buch viele Seiten. Diese sind gefüllt mit Episoden, Beobachtungen und Erinnerungen der Hauptfigur. Es geht allein um den Charakter.

Der Tod in Venedig ist auch ein Fall. Der Plot ist kaum ausgeprägt. Ein alter Mann kommt nach Venedig. Dort verliebt er sich in einen Jungen und stirbt am Ende an einer Infektion. Die Handlung hat kaum Wendungen, keinen Höhepunkt, es gibt keinen Antagonisten - die Bedeutung der Erzählung liegt in der Perspektive des alternden Komponisten.

In den Vereinigten Staaten und England gibt es eine andere Tradition, die mindestens bis zu den großen Krimi-Autoren zurück geht. Charakterentwicklung ist dort auch wichtig, doch wichtiger ist die Handlung. Interessanterweise bringen Stoffe, die handlungsbasiert sind, die stärkeren Charaktere hervor. Aus Deutschland stammen wenige literarische Figuren, die immer wieder aufs Neue auf Abenteuer ausgehen, wie Sherlock Holmes, James Bond, Miss Marple und deren Kollegen. Ein Grund für den Erfolg dieser Konzepte ist, dass handlungsbasierte Geschichten einen bereits ausgearbeiteten Hauptcharakter brauchen. Charakterbasierte Geschichten brauchen weniger Handlung. Nach vollzogener Handlung hat sich die Hauptfigur meist so stark gewandelt, dass sie für eine Fortsetzung nur bedingt in Frage kommt. Handlungsbasierte Geschichten mit ihrem mehr oder weniger statischen Hauptcharakter können ihr Konzept fast beliebig wiederholen. Das macht sie kommerziell interessanter. Dies ist einer der Gründe, warum aus Amerika die erfolgreichsten Filme kommen. Sie setzen fast ausschließlich auf Handlung. Andererseits ist im non-fiction Bereich in amerikanischen Buchhandlungen auffallend, dass es dort signifikant mehr Titel zu Themen wie Persönlichkeitsentfaltung, Self-help, etc. gibt als in Europa.

Witze und Tabus

Witze sind eine besondere Art von Geschichten: knapp, pointiert und voller Spannung und Tabubrüche. Kaum ein Genre vermag es, die Aufmerksamkeit eines fast beliebigen Publikums derart schnell zu erlangen, wie die Witze. Der Satz *'Kennt ihr den?'* sorgt im Handumdrehen für positive Neugier und Wohlwollen.

"Ein Mann findet in den Todesanzeigen seinen eigenen Namen. Entsetzt ruft er seine Frau an: "Schatz, in der Zeitung steht, dass ich tot bin!", sagt seine Frau: "hab ich auch grade gelesen; von wo rufst du an?"

Ist es ein Zeichen dafür, dass man älter wird, wenn man im Humor immer mehr den Sinn des Lebens zu erkennen glaubt, oder ist diese Vorstellung an sich bereits lächerlich? In der Literatur sind große Humoristen jedenfalls genauso selten wie im realen Leben - Menschen, die uns dazu bringen, Tränen zu lachen.

Humoristik ist eine der schwierigsten Disziplinen der Literatur, weil Witze in besonderem Maße dem Zeitgeist unterliegen. Witze funktionieren viral - anders als (die oftmals komplexeren und daher längeren) Liebesgeschichten oder Dramen. Deswegen nutzen sie sich ab, ähnlich wie Film-Monster, die ebenfalls diesem Evolutionsdruck ausgesetzt sind. Ein Monster, das unsere Großeltern in Angst und Schrecken versetzte, wirkt auf uns heutige Leser oft bereits schon fast rührend harmlos. Bei Witzen ist es ebenso. Dennoch gelingt es einigen Autoren, wie zum Beispiel P. G. Wodehouse komische Figuren und Situationen zu erschaffen, die die Jahrzehnte überdauern, weil sie in eine feste Welt eingefügt sind, die sich wie eine Kapsel gegenüber der Realität verhält: abgeschlossen. Wer sich in so eine Kapsel begibt, setzt sich einem logischen System aus, das von der Evolution des Zeitgeistes weitgehend isoliert ist. Douglas Adams hat dies mit dem Anhalter durch die Galaxis ebenso erreicht wie Wodehouse mit seinen Geschichten seiner fiktiven britischen Aristokratie. Ist Humor immer mit Eskapismus verbunden?

Auch Wilhelm Busch, eher Poet und Zeichner, kein Romancier, und Ephraim Kishon haben solche Welten erschaffen, die einem sehr klaren sozialen und räumlichen Milieu zugeordnet sind, dessen Regeln und Gesetze in komische Situationen münden müssen, wenn man sie konsequent zuende denkt. Anthropologen sagen, dass das Lachen als Signal der sozialen Entwarnung entstanden sei. Menschen lachen, wenn sie einen Irrtum, den sie im Begriff zu begehen waren, einsehen, und ihre Artgenossen darüber informieren, dass sie zum Beispiel einen Schatten für einen Wolf gehalten haben. Das Lachen entwarnt: "Falscher Alarm!"

Eine andere Theorie besagt, dass sich das Lachen aus Triumphgeheul entwickelt habe, und somit immer mit einer Idee von Überlegenheit gekoppelt sei. Beides passt zu der Frage, inwiefern literarische Situationen komisch sein können: Schadenfreude, enttäuschte Hoffnung auf Rettung oder überraschende Wendungen hin zu noch größere Katastrophen. All dies funktioniert am besten in geschlossenen gedanklichen Systemen - ein anderes Wort für "soziale Nische". Woody Allen ist ein weiterer Meister dieser hermetischen, kleinen Welten, genau wie Larry David, Ismo Leikola und Ludwig Thoma.

Tritt Humor automatisch auf, wenn es einem Autor gelingt, ein solches geschlossenes soziales System zu entwerfen? Im Fall von Thomas Mann ist es sicherlich so - einer der großen, aber unterschätzten Humoristen der deutschen Literaturgeschichte. Sein Humor in den *Bekenntnissen des Hochstaplers Felix Krull* verbindet ihn mit dem des Guareschi, dem Vater des Don Camillo und seines Gegenparts Peppone. Die Botschaft der "Entwarnung", also die Quelle des Lachens, die aus diesen beiden Welten sprudelt, könnte man mit Douglas Adams so beschreiben: Die Welt ist trotz aller Aufregung vermutlich in der Tat "größtenteils harmlos".

Fragt ein Neffe seinen Onkel: "Wen soll ich heiraten, eine süße Zwanzigjährige ohne Geld, die mich liebt - oder eine einsame, kranke aber steinreiche Witwe?"

Sagt der Onkel: "Folge immer dem Rat deines Herzens, mein Junge und heirate deine Liebe. Übrigens, wo sagtest du, wohnt die Witwe?"

Witze sind eine relativ klar definierte literarische Gattung: Sie etablieren mit möglichst wenigen Wörtern eine soziale Situation in der unterschiedliche Perspektiven aufeinanderprallen, die zu einer unerwarteten Auflösung führen. Die Akteure sind häufig Archetypen, wie "Ehemann"; "Polizist" oder "Sekretärin". Witze spielen mit Überraschungen; sie müssen eine schmerzliche Wahrheit beinhalten - meistens in Form eines Tabubruchs. In diesem Witz geht es um das Tabu, dass die wirtschaftlichen Aspekte einer Eheschließung mit romantischen Elementen verklärt werden müssen. Wer die Romantik weglässt, so wie der Onkel in dem Witz, entwertet die Institution der Ehe. Zerstörung und Tabubrüche erfreuen uns Menschen, was im Hinblick auf die Evolutionstheorie absolut Sinn macht. Tabus zu brechen eröffnet neue Chancen.

Witze sind also in gewisser Weise direkt mit unserer biologischen Herkunft verknüpft. Diejenigen Individuen, die an der Zerstörung Gefallen fanden, haben überlebt, ihr genetisches Material tragen wir in uns. Aber wir reden nicht gerne drüber. Das ist die Auftgabe der Kultur, nämlich die grausame Wahrheit über uns Menschen zu maskieren, nämlich die Tatsache, dass wir eine überaus tödliche Spezies sind. Deswegen sind Witze gegenüber Minderheiten (meistens) nicht besonders lustig, weil das Potenzial des Tabubruchs nur gering ist. Es macht mehr Sinn, etwas Großes und Mächtiges zu zerstören - wie den Ruf von Politikern oder das Ansehen von respektablen Berufen wie Arzt, Lehrer oder Anwalt.

Woran liegt es, dass manche Kulturen bessere Witze hervorbringen als andere? Meine Theorie ist, dass es einen Zusammenhang von Tabu und Witz gibt, wodurch sich erklären würde, dass Kulturen mit einer hohen Zahl von Tabus, wie zum Beispiel das viktorianische England, das katholische Irland, die enge Kultur der *Schtetl* Osteuropas einen besonderen Witz hervorbringen, der in eher tabuärmeren Ländern wie Deutschland und der Schweiz oder auch Skandinavien nicht gedeihen kann... Sigmund Freud, ein Wiener der tabuvollen österreichischen Kaiser-Zeit, hat sich gefragt, was das Wesen des Witzes ausmacht und er fand vielfältige Beziehungen zum Unterbewussten, was bei Freud natürlich nicht weiter überrascht. Der "Freud'sche Versprecher" ist sprichwörtlich geworden - ein Ventil für Verdrängtes.

Der Witz ist der verkleidete Priester, der jedes Paar traut, meinte Jean Paul, *er traut die Paare am liebsten, deren Verbindung die Verwandten nicht dulden wollen.*

Aber was ist mit den deutschen Witzen heute? Gibt es eine literarische Tradition des Witzes in Deutschland? Die kanonischen Witze aus Deutschland, Ostfriesenwitze, Häschen-Witze, Blondinen-Witze oder auch die unsäglichen Fritzchen-Witze sind traditionelles Witzgut aus deutschen Landen ohne Potenzial zum Tabubruch. Aus diesem Erbe heraus wirken viele deutsche Humoristen, zum Beispiel Loriot, ohnehin eher ein vielseitig begabter Cartoonist, entweder relativ zahm - oder, wenn sie nicht zahm sind, sind sie mehr oder weniger schamlose Kopisten erfolgreicher amerikanischer Vorbilder, wie etwa Harald Schmidt. Viele geistreiche Talkmaster sind zwar schlagfertig und dadurch lustig, keine Frage. Dennoch produzieren sie keine Witze im literarischen Sinn - also kurze Texte, die sich selbständig machen und ihren eigenen Weg durch die Geistesgeschichte des Humors suchen, wie der folgende Klassiker:

Ein Mann berichtet seinem Therapeuten von seinen Fortschritten: "Vorgestern war meine Schwiegermutter zu Besuch und da ist mir ein Freud'scher Versprecher passiert. Ich wollte eigentlich sagen, bitte reich mir das Salz, aber gesagt habe ich aus Versehen: "Du hast unsere Ehe ruiniert, du fiese alte Hexe."

Dieser Witz zählt zu den internationalen Stars der Witze, wie sie vom britischen Laugh Lab unter dem Psychologen Richard Wiseman zusammengestellt werden: Der Witz verstößt gleich gegen mehrere Tabus und zeigt in überraschender Wendung eine schmerzliche Wahrheit auf, mit der die meisten Menschen etwas anfangen können. Gute Witze brechen Tabus und zeigen schmerzliche Wahrheiten auf, wie dieser Witz hier von den beiden Priestern, bei dem die schmerzliche Wahrheit lautet, dass das Zölibat, ein Tabu-System, gebrochen werden kann und wird, und dass es Priester gibt, die unter der Ehelosigkeit leiden. Die Evolutionstheorie des Witzes, die davon ausgeht, dass der Humor (besser gesagt der Sinn für Humor) vererbt wird, zeigt hier etwas Wundervolles:

Individuen, die in einst der Lage waren, restriktive Regeln zu brechen und Nachkommen zu zeugen leben in uns Heutigen fort - selbst, wenn sie nur ein Priestergewand tragen. Die Gene sind stärker. Sie verlangen Fortpflanzung, wie Richard Dawkins es ausdrückte, als er die Gene "egoistisch" nannte und für das Gegenstück der Gene, ideelle Inhalte, den Begriff *Meme* prägte. Witze sind Meme und sie spielen häufig auf das Kernstück der Existenz an, nämlich jenen brutalen Komplex aus Egoismus, Fortpflanzung, Verdrängung und Futterneid, dem wir Menschen unterworfen sind; wie in diesem Witz hier:

Die Patientin sagt zu ihrem Therapeuten: "Küss mich, Herr Doktor!"
Sagt der Therapeut: "Das darf ich nicht. Im Grunde genommen dürfte ich nicht mal neben Ihnen auf der Couch liegen."

Ähnlich wie bei den beiden Priestern zuvor ist die Wahrheit ganz simpel: "Sex schlägt Moral" - und zwar immer wieder und immer wieder auf innovative und damit witzige oder zumindest gewitzte Weise. Das ist der Kern der Evolution. Alte Probleme neu zu lösen; klar, dass es dabei Gewinner und Verlierer gibt. Diese Tatsache ist beunruhigend. Wir wollen nicht daran denken, wenn wir im Supermarkt an der Kasse stehen oder im Zug nach Zürich sitzen.

Kultur beruht deswegen auf der Annahme, dass der Mensch etwas Höheres sei als die Natur und vor allem die fleischfressenden Tiere. Daher sind alle Anspielungen auf die Tatsache, dass der Mensch teil der Natur ist, mit Tabus belastet.

Ein Mann sitzt beim Arzt. Die Befunde sind super. Sagt der Arzt: "Sie rauchen nicht, sie trinken nicht, ihr BMI ist nahezu perfekt, also ernähren sie sich gesund... und sie sagen, sie haben überhaupt keine Laster."
Sagt der Mann: "Ich will hundert Jahre alt werden!"
Sagt der Arzt: "Ja, aber wozu denn dann?"

Die Pointe in diesem Witz ist vielleicht ein wenig vorhersehbar, und der archetypische Arzt, der alles gesehen hat und den Lehren seiner Profession zynisch gegenübersteht, ist nicht erst seit *House M.D.* ein Renner.

Hier geht es um den Sinn des Lebens, der wie jeder weiß, der sich mit der Evolutionstheorie befasst, nicht darin liegt, möglichst lange zu leben, sondern darin, möglichst viel Schaden anzurichten. Die Kunst ist dabei, es so aussehen zu lassen, als sei man einer der Guten. Aus diesem Grund sind Schelmengeschichten so beliebt: Till Eulenspiegel, Simplizissimus, Pinocchio, die Feuerzangenbowle, der Baron Münchhausen - all die bauernschlauen und lebenstüchtigen Schlitzohren. Sie liegen uns mehr am Herzen als die reinen Helden mit weißer Weste. Witze sind natürlich auch Ventile, die dazu dienen, gegen Unterdrückung vorzugehen - im Dritten Reich ebenso wie unter der SED. Vor allem dann, wenn es einem Schwachen gelingt, die Mächtigen zu schädigen, obwohl er sich genau an deren Regeln hält.

Eine alte, wacklige Dame kommt in die Bank und sagt zu dem jungen Schnösel an der Kasse: "Sie haben sich gestern bei der Barauszahlung um tausend Euro geirrt." Der Schnösel zeigt auf ein Schild und sagt: "Das hätten Sie sofort beanstanden müssen, jetzt ist es zu spät."
Sagt die alte Dame: "Na gut, dann behalte ich's eben."

Zwei an sich "sinnvolle" Logik-Systeme treffen aufeinander und berühren sich an dem Punkt, an dem Einigkeit besteht, nämlich: Beim Geldzählen sollte man keine Fehler machen - und wenn es passiert ist einer der Dumme. Die Frage ist nur, wer?

In gewisser Weise haben beide Recht, wie zwei Züge, die aufeinander prallen werden. Die Pointe entspricht daher immer, wenn man so mag, einem Unglück, wie im Fall von diesem treuherzigen Museumswärter, der nach dem ersten Arbeitstag stolz zu seinem Chef kommt und sagt:

"Herr Direktor, sie werden sich freuen, heute war mein erster Tag, und ich habe schon zwei Kandinsky und einen Dix verkauft."
Dieser Witz ist einer meiner Favoriten. Ich frage mich, wie der Wärter das angestellt hat und wie der Direktor reagieren wird. Was der Wärter in früheren Jobs gemacht hat, wer die Kunden sind und natürlich, wieviel Geld er für die Werke verlangt und bekommen hat. Aber vor allem: Es ist diesem Nachfahren der Marx Brothers gelungen, gleich an seinem ersten Arbeitstag, die komplette Logik des Kulturbetriebs aus den Angeln zu heben.

Genres

Genres sind Schubladen. In sie hinein werden Stoffe gelegt, um sie einander zuzuordnen. Der Begriff kommt über das Französische aus dem Lateinischen und bedeutet "Gruppe" oder "Familie". Das Genre Western ist also eine Familie aller Filme, die irgendwie mit dem Wilden Westen zu tun haben. Genres sind Hilfsmittel für Zuschauer, Autoren und Produzenten gleichermaßen. Dem Publikum helfen sie, die Erwartungen an einen Film zu formulieren. Sucht man einen Film, der in Amerika spielt und mit Pferden und großartigen Landschaften zu tun hat, braucht man nur einen einzigen Begriff. Genres bezeichnen vor allem die Ausstattung und die Spielorte von Geschichten. In welcher Zeit spielt eine Handlung? Welche geographischen und damit kulturelle Hintergründe sind zu erwarten? Für Produzenten und Autoren ist das Genre auch eine Beschreibung des Aufwandes. Historienfilme sind teuer in der Produktion und verlangen mehr Recherche, also Zeit und Aufwand. Western und Fantasy verlangen viele Außenaufnahmen. Traditionelle Familienkomödien sind meistens relativ billig herzustellen. Die Handlung findet zumeist vor allem in einem Wohnzimmer statt.

Das genügt allerdings nicht immer. Auch die Handlung soll beschrieben werden. Daher sind einige Genres als Hinweis auf die Art der Handlung, der Konflikte und des Endes zu verstehen. Sehr oft werden daher zwei Genre-Begriffe miteinander kombiniert: Western-Komödie; Familien-Drama; Action-Thriller;

Genre nach Ausstattung
- Fantasy
- Kaiju
- Krimi
- Krieg
- Biographie
- Horror

- Sci-Fi
- Action
- Familie
- Martial Arts
- Western
- Historie
- Film-Noir

Genre nach Handlungstyp
- Mystery
- Drama
- Musical
- Komödie
- Parodie
- Romanze
- Thriller

Zuschauer und Leser sind freilich häufig schon mit weniger Präzision zufrieden. Oftmals reicht es auch, den Hauptdarsteller oder Regisseur zu nennen, um eine Vorstellung vom Charakter einer Geschichte zu vermitteln. Ein Film mit Bud Spencer, ein Film von Woody Allen oder von Quentin Tarantino. Bei Büchern ist es ähnlich: Der neue Thriller von Lee Child oder von John Grisham ist eine hinreichende Angabe über das Wesen eines Werks.
Ein Begriff wie "Weltraum-Musical" kann noch weiter eingegrenzt werden. Man spricht von Kategorien. Dies sind Begriffe, die weder die Handlungsform noch die Ausstattung beschreiben, sondern die Gestalt, in der eine Geschichte präsentiert wird:

- Kurzfilm
- Langfilm
- Schwarzweißfilm
- 3D
- Animation

Geschichten verändern sich

Was erwarten Menschen von einer Geschichte und haben sich diese Erwartungen über die Jahrhunderte hinweg verändert? Uralte Geschichten wie die Taten des Pelops, die Tragödie der Antigone, die Lebenssuche des Gilgamesch und die Abenteuer des Diedrich von Bern sind auch heute noch zugänglich. Viele Details und Symbole werden heute zwar nicht mehr verstanden, doch die Handlungen und die Charaktere sind nach wie vor verständlich. Biblische Stoffe können genauso verfilmt werden wie moderne Märchen. Trotzdem gibt es starke Entwicklungen. So wie sich das Rad seit seiner Erfindung von der Form her wenig verändert hat, sind auch Geschichten "gleich" geblieben, und genau wie beim Rad hat es auch bei Geschichten radikale Veränderungen und Innovationen gegeben, sowohl was Anwendungen als auch was Funktionen betrifft.

Gleich geblieben sind
- die dreiteilige Struktur von Anfang, Höhepunkt und Ende
- die Darstellung von Perspektiven
- die Verbindung von Charakter und Handlung
- die Verbindung von innerer und äußerer Entwicklung
- der Konflikt von Antagonist und Protagonist
- die Unterscheidung von Haupt- und Nebenfiguren
- die Kombination von Handlung und ethischer Botschaft
- die Bewältigung einer Entscheidungssituation

Durch die Kommerzialisierung von Geschichten im industriellen Zeitalter sind Evolutionsanreize entstanden. Fernsehen, Kino, Werbung, Games und Massenpresse verlangen immer mehr Inhalte. Professionelle Autoren versuchen die Nachfrage zu bedienen. Durch den Wettbewerb der Autoren aber auch der Anbieter ist interdisziplinäres Meta-Wissen entstanden, Informationen darüber, wie man eine Geschichte konstruiert. Zwar gab es auch im alten Hellas Lehrbücher über das Schreiben, wie etwa die Poetik des

Aristoteles, doch heute werden die Erkenntnisse über das Geschichtenerzählen mit so unterschiedlichen Disziplinen wie Gehirnforschung, Soziologie, Psychologie, Literaturwissenschaft, Sprachwissenschaften, etc. untermauert.

Eine weitere Folge der Kommerzialisierung von Geschichten ist die Differenzierung des Angebots. Dies ist auch damit verbunden, dass die Publikationskosten von Geschichten extrem gesunken sind. Das alte Genre "Gruselgeschichte" beispielsweise umfasste alle möglichen Arten von Monstern und Übersinnlichem. Zwar gab es schon im Mittelalter handschriftliche Bestiarien, in denen die verschiedenen Typen von Monstern und Dämonen dargestellt wurden, doch erst das industrielle Zeitalter hat daraus Genres abgeleitet. Heute gibt es nicht nur den Horrorfilm, sondern zahlreiche Untersparten davon, wie etwa den Vampirfilm und noch genauer den Teenie-Vampirfilm. Mit jeder neuen Nische vergrößert sich die Oberfläche des Genres.

Auch die zunehmende Zahl von Informationsträgern hat dazu beigetragen, dass sich Genres immer weiter ausdifferenzieren. Graphik-Novellen, Comics oder Twitter-Romane stellen neue Ansprüche an das Geschichtenerzählen.

Der Wettbewerb der Geschichten trägt dazu bei, dass Genres sich weiterentwickeln. Bei den frühen Westernfilmen zum Beispiel war der weiße Stetson immer ein Zeichen für den Protagonisten, während der schwarze Hut ein Zeichen für dessen Widersacher war. Dies hatte vor allem damit zu tun, dass die Schwarzweißfilme beziehungsweise die Leinwand häufig von geringer Qualität waren. Die stereotype Aufteilung von *gut* und *böse* bot irgendwann nicht mehr genug Oberfläche. Ähnlich wie bei Ritterfilmen und Abenteuerfilmen auch, brachen die Stereotype langsam auf. Anti-Helden und schurkische Helden etwa sind heute weit häufiger anzutreffen. Die Antagonisten werden häufig vielschichtiger und daher zugänglicher präsentiert. Gerade beim Film ist das zu beobachten. Die Darstellung von Geschichten wird realistischer, technisch wie erzählerisch. Das Kino hat sich in den letzten hundert Jahren sehr weit von seinen Anfängen als Jahrmarktsattraktion entfernt.

Bei Romanen ist es auch so. Die Seitenzahlen nehmen zu. Zwar gibt es immer noch dünne Comic-Hefte, doch Graphik-Novellen und Romane entstehen heute oftmals mit Blick auf eine mögliche Verfilmung oder auf eine andere sekundäre Verwertung wie ein Computerspiel. Das verlangt mehr Quantität. Es gibt Einzelfälle, wie George R. R. Martins Epos, das laut Autor ursprünglich explizit als unverfilmbar konzipiert wurde. Aber dies betraf nur eine mögliche Kino-Fassung. Die Verfilmung als TV-Serie ist überaus gelungen.

Industrialisierung von Genres bedeutet auch, in Serien und Fortsetzungen zu denken, was stets bedeutet, dass manche Figuren nicht sterben dürfen. Der Sequel-Gedanke ist eine Art von Überlebensgarantie für literarische Figuren. Die Aufgabe der Autoren besteht darin, die damit verbundene Vorhersehbarkeit wieder und wieder zu stören.

Wann sind Geschichten wertvoll?

Erzählungen können zu Wirtschaftsgütern werden. In Gestalt von Filmen, Büchern, Computerspielen, und daraus abgeleitet, Spielzeuge und andere Artikel, können die Rechte an Geschichten, genauer gesagt an Manuskripten, Millionen oder sogar Milliarden wert sein. Gleichzeitig gibt es Geschichten, die finanziell weniger ins Gewicht fallen, etwa, weil das Copyright abgelaufen ist. Die Rechte an klassischer Literatur sind verblichen. Dennoch verdienen Verlage mit gut gemachten Ausgaben Geld damit. Chris Anderson hat diesen Gedanken in "The Long Tail - Why the Future of Business is Selling Less of More" dargestellt. Vor allem das Internet erlaubt es, alte und ältere Stoffe über einen sehr großen Zeitraum hinweg zu geringen Kosten und mit relativ geringem Gewinn anzubieten. Auf Dauer kann sich das lohnen. Google Books, das Projekt Gutenberg, die Perseus Digital Library und viele andere Plattformen tun dies.

Ein zweiter Aspekt des Werts liegt in der sozialen Bedeutung von Geschichten als Erziehungsinstrument. Geschichten oder Erzählungen treten gebündelt auf und transportieren Inhalte, die zum Erhalt des gesellschaftlichen Systems beitragen, dem sie entstammen. Passen Geschichte und Gesellschaft zusammen, können sie gemeinsam ein hohes Alter erreichen und immer aktiv bleiben. Volksmärchen und religiöse Erzählungen gehören aus diesem Grund zu den ältesten Stoffen der Literatur, zum Beispiel der Auszug der Israeliten aus dem Land des Pharao.

Der dritte Aspekt betrifft Geschichten als gemeinschaftsstiftende Instrumente. Ungeachtet des Inhalts kann eine Situation des Erzählens einer Gruppe Identität verleihen. Kinder, die einer Theateraufführung folgen und vielleicht nicht alle Details verstehen, genießen trotzdem das Gefühl der Gemeinschaft. Auch bei Gutenachtgeschichten ist dies der Fall. Die Zuhörer genießen die traute Stimmung und schlafen ein. Der Inhalt einer Gutenachtgeschichte wird auch aus diesem Grund von Kindern häufig so eingefordert, dass keinerlei Variationen des Themas vorkommen. Überraschungen und Neues würden die Stimmung beinträchtigen. Das gleiche gilt für die Lesung aus der Bibel in der Kirche. Auch hier steht die Besinnlichkeit im Vordergrund. Die gedankliche Arbeit übernimmt der Priester oder Pastor mit seiner Predigt. Geschichten schaffen eine sekundäre Welt, ein alternatives Universum, in dem die Zuhörer ihre Gedanken spielen lassen können, ohne selbst körperlich in Gefahr zu geraten. Die auf diese gefahrlose Art bestandenen Abenteuer stiften Gemeinschaft.

Ein vierter Aspekt des Werts hat mit der Struktur von Geschichten an sich zu tun. Erzählungen haben in aller Regel Abschnitte oder Teile. Mit diesen Segmenten werden Informationen sortiert und zueinander angeordnet. Geschichten sind damit ein Instrument der gedanklichen Strukturierung von Fakten. Eine Geschichte verbindet die einzelnen Punkte von Tatsachen zu einer Figur. Je nach Reihenfolge der Verbindung kann die Figur eindeutig oder wirr erscheinen. Sie kann auch vollkommen unkenntlich sein. Geschichten schaffen logische Ordnung.

Dazu gehört auch die Pflege der Sprache, in der eine Geschichte formuliert wird. Jede Epoche hat ihre stilistischen und auch grammatikalischen Besonderheiten. Deswegen werden alte Texte hin und wieder an den aktuellen Stand von Rechtschreibung und Lesegewohnheiten angepasst. Auch einzelne Begriffe werden teilweise verändert, wie zum Beispiel im Fall der Kleinen Hexe von Otfried Preußler. Dort wurden bei einer neuen Auflage die als politisch nicht mehr korrekt empfundenen Begriffe "Negerlein" und "Eskimofrauen" durch "Seeräuber" und "Indianerinnen" ersetzt. Einige Jahre zuvor noch erregten die Begriffe kein Empören. An alter Sprache kann ein Leser sein sprachliches Empfinden schulen und einen relativierenden Blick auf die gegenwärtigen Sprachgewohnheiten gewinnen. Das moderne Deutsch unserer Tage wird zukünftigen Lesern einmal verstaubt erscheinen und vielleicht noch später einmal als "ehrwürdig" und "altväterlich", so wie uns heute die Sprache des BGB, des Nibelungenlieds oder der Lutherbibel.

Einige exemplarische Entwicklungen der letzten zweihundert Jahre sind:

- Kürze: Die durchschnittliche Satzlänge nimmt ab
- Weltlichkeit: Es werden weniger Bibelzitate verwendet
- Grammatik: weniger Deklinationen, insbesondere beim Genitiv
- Grammatik: weniger Konjunktiv 1
- Längere Wörter, vor allem in Wissenschaft und Verwaltung
- Mehr Abkürzungen aus Technik, Marketing
- Zivilgesellschaft: Rückgang von diskriminierenden Ausdrücken
- Zunahme von englischen Wörtern und Ausdrücken
- Rückgang von französischen Wörtern und Ausdrücken
- Stärkere Gliederung von Texten und Inhalten

Konflikt der Tugenden

Die Motivation von Helden und ihren Gegnern und ihre literarische Aufbereitung ist letztlich immer mit dem Thema der "Tugenden" verbunden, also mit Werten, die eine gesellschaftliche Evolution durchlaufen haben. Typischerweise vertreten Helden Tugenden wie Klugheit, Gerechtigkeit, Maßhalten und Mut; sie leben nach den göttlichen Tugenden Glaube, Liebe, Hoffnung; sie halten sich mehr oder weniger an die Zehn Gebote und die Seligpreisungen aus der Bergpredigt, wie etwa Sanftheit, Reinheit des Herzens und Friedfertigkeit. Klassische Schurken andererseits leben oft nach den Todsünden *Zorn, Wollust, Völlerei, Neid, Faulheit, Hochmut* und *Gier*. Doch diese uralte Gegenüberstellung reicht für literarisches Erzählen nicht aus. Auch Schurken brauchen Tugenden, etwa, wenn sie ihre Projekte verfolgen oder einfordern, zum Beispiel Fleiß und Ausdauer, Disziplin, Gehorsam, Pflichtbewusstsein, Loyalität und Bescheidenheit – dies sind die oft so genannten "preußischen Tugenden", zu denen auch Unterordnung, Hilfsbereitschaft, Zurückhaltung und Gottesfurcht gehören[5]

Im Konflikt zwischen Helden und ihren Gegnern treffen unterschiedliche Konzepte von Tugenden aufeinander, Primär- gegen Sekundärtugenden oder miteinander konkurrierende Primär- oder Sekundärtugenden, etwa Ehrgeiz, Mut und Tapferkeit gegen Ehrgeiz, Tapferkeit und Mut in vielen Sportfilmen.
Viele der großen Schurken der Filmgeschichte haben eine ganze Reihe von Tugenden, wobei es philosophisch immer fraglich bleibt, ob die Tugenden voneinander isoliert werden können. Die Sith Lords sind lernbegierig und hoch diszipliniert. Kapitän Ahab war tapfer und ausdauernd; Mephisto ist klug, charmant und intellektuell beweglich, genau wie Hannibal Lecter oder Raymond Redding. Der Earl of Dorincourt hat Familiensinn, Monty Burns ist sparsam, genau wie Onkel Dagobert, Shredder gibt heimatlosen Jugendlichen eine Heimat, Magneto ist loyal und kultiviert, und Jack

Stapleton aus Baskerville ist höflich, Blofeld ist tierlieb und Drake, der Gegenspieler des Vampirs Blade hat Ehrgefühl, Selbstbeherrschung und Tapferkeit.

In den Monologen, die fast jedem Schurken zugestanden werden, offenbaren sie ihre Motive und ihren inneren Konflikt. Fast immer lassen sich diese Konflikte auf gegensätzliche Tugenden zurückführen.

Der klassische Hollywood-Blockbuster ist ein fast perfekter Ausdruck des dualistischen Weltbildes des altpersischen Priesters Zoroaster, auch bekannt als Zarathustra.[6] Er, oder wer sich immer tatsächlich hinter dem Namen oder Titel Zoroaster verbirgt, vertrat die Ansicht, dass auf der Welt das Gute und das Böse, bzw. Wahrheit und Lüge im ständigen Kampf miteinander liegen. Der Sinn der menschlichen Existenz bestand für ihn darin, die Wahrheit zu verteidigen und Gutes zu erschaffen. Dies war für ihn die Grundlage des freien Willens und der Verantwortlichkeit des Menschen. Daraus leitete er die Forderung nach Wahrhaftigkeit, Güte, Mildtätigkeit, Nachbarschaftlichkeit, Fleiß und Solidarität ab – allesamt archetypische Attribute von Heldenfiguren im populären Film. Die Abwesenheit dieser Attribute macht einen Protagonisten zum Anti-Helden, während die Negation dieser Attribute einen Schurken oder sogar einen Teufel beschreibt.

Viele Religionen kennen Teufelsgestalten: Das Christentum den Satan; die Ägypter den Seth, die Philister den Baalzebul oder Belzebub und die Muslime den Eblis. Viele dieser Figuren waren jedoch in Vorgängerkulten keine Teufel, sondern Göttergestalten, die von einer neuen herrschenden Schicht "verteufelt" wurden. So trägt etwa der christliche *Teufel* Züge des alten germanischen Gottes Wotan-Odin. Die Religionen kennen damit, genau wie der Blockbuster, die Wandlung von Figuren von gut zu böse, bzw. von böse zu gut – ohne die Figuren an sich aufzugeben. So gelang es, Altes und Neues zu integrieren und neue Machtverhältnisse zu rechtfertigen. Um es mit filmischen Begriffen zu sagen: Der Teufel ist ein Sequel des Wotan-Franchise.

Für Zarathustra bestand für jeden Menschen jederzeit und stets erneut die Möglichkeit, zwischen Gut und Böse zu wählen. In literarischen Stoffen geht es stets auch um diese Wahl, durch die sich ein Held schließlich von seinem Widersacher unterscheidet. Da die Wahl schwerfällt, fühlen sich viele Helden mit ihren Gegenspielern verbunden und viele Schurken unternehmen den Versuch, die Helden in diesem Moment des Zweifels für die Gegenseite zu gewinnen.

Natur und Technik

In fast allen starken Geschichten gibt es einen Konflikt zwischen Natur und Technik, wobei die Protagonisten im Verlauf des Konflikts immer mehr an eigenen Ressourcen verlieren, bis sie am Schluss fast ohne oder tatsächlich ohne Hilfsmittel dastehen. Die Antagonisten auf der anderen Seite verfügen meistens bis zum Ende über erstaunliche Arsenale. Doch das nützt ihnen wenig, wenn der Held sich auf *The Force* verlässt, jene Macht, die das Universum zusammenhält und die genau wie die Helden auch, zwei Seiten hat.

Wenn in kommerziellen Geschichten ein Endkampf überzeugend vonstatten gehen soll, dann muss er mit Mitteln geführt werden, die dem Zuschauer auch nachvollziehbar sind. Aus diesem Grund reisen die *Starship Troopers* zwar mit riesigen Weltraumkreuzern quer durch das All, aber führen den Kampf gegen die feindlichen Insekten zu Fuß wie seit Alters her mit der Waffe in der Hand; und aus diesem Grund darf Arnold Schwarzenegger in *Predator* seinen Gegner letztlich nur mit Mitteln der Steinzeit erledigen, auch wenn er anfangs hoch ausgerüstet in die Schlacht gezogen war.

Aus dem gleichen Grund wird dem antagonistischen Bordcomputer HAL im Weltall einfach der Stecker rausgezogen. Die Niederlage des Antagonisten muss nachvollziehbar bleiben und mit der Lebenserfahrung der Zuschauer in irgendeiner Weise übereinstimmen oder zumindest verbunden sein. Somit scheidet High-Tech als letztes Mittel eines Helden fast immer aus. Luke Skywalker verzichtet auf seine ultramoderne Technik, schließt die Augen und sprengt allein von innerer Kraft, *The Force*, geleitet, den Todesstern. Die Kraft eines Helden kommt von innen. Selbst bei *RoboCop* ist es so, ein Cyborg-Polizist, der zu einem großen Teil aus Technik besteht. Es ist seine Menschlichkeit und seine Fähigkeit, Gefühle zu haben, beziehungsweise zu zeigen, die aus ihm einen echten Helden macht.

Auch im Cartoon findet sich diese Dichotomie: Der *Roadrunner* hat seine Füße, während der böse Koyote seine unnachahmlichen Konstruktionen verwendet. Freilich kann man darüber streiten, wer in diesem Fall eigentlich der Protagonist sei, denn die Geschichten werden eindeutig aus der Perspektive des Koyoten erzählt. Doch mit Sicherheit ist er der Schurke und der Roadrunner der Gute. Die Verwendung der Technik gibt Auskunft darüber, ebenso die Tatsache, dass der Koyote stets unterliegt, was den Zuschauer dazu bringt, Schadenfreude und Sympathie zugleich zu empfinden.

Blockbuster mögen diesen Regeln folgen. Aber wie sieht es mit der europäischen Kultur aus? Mit dem Autorenkino und unserer, wie wir gerne glauben, komplexeren Weltsicht? Es ist ziemlich wahrscheinlich, dass die Konstellation von Antagonist und Protagonist literarisch immer gültig ist. Es ist lediglich eine Frage, wie extrem diese Umstände herausgearbeitet werden. Hollywood ist sicherlich insgesamt ein Phänomen der Extreme, und deswegen bieten sich Blockbuster ganz besonders gut an, wenn es darum geht, die innere Mechanik von Geschichten darzustellen. Das, was man als *typisch europäisch* bezeichnet, also etwa *italienische, französische* und *deutsche* Geschichten, folgen, genau wie der russische Autorenfilm, trotz allem auch diesen Prinzipien. Warum? Weil Hollywood diese uralten Regeln nicht erfunden, sondern lediglich auf die Spitze getrieben hat.

Tatsächlich finden sich die Konstellationen von Antagonisten und Protagonisten bei den alten Griechen genauso wie in der Bibel. Die Geschichte der Passion Christi, die Odyssee und die Arbeiten des Herakles passen ganz genau in das Raster. Der Held ist ein wachsendes Wesen, sogar ein über sich selbst hinaus wachsendes Wesen, das immer wieder so weit zurück geworfen wird, dass nichts mehr außer dem eigenen Körper zur Verfügung steht, während die Bösen, die Antagonisten so gut wie immer volle Arsenale zur Verfügung haben. Die wichtigeren Märchen der Gebrüder Grimm zeigen an vielen Stellen ganz ähnliche Konstellationen. Rapunzel, Hänsel und Gretel und viele andere erzählen vom Konflikt erwachsener

Antagonisten mit jugendlichen Protagonisten. Reichtum an Ressourcen gegen Phantasie und Mut, wobei beide Welten auf geheime Weise miteinander verbunden sind, man könnte es auch den Generationenvertrag in der Dramaturgie guter Unterhaltung nennen.

Figuren

Fiktive Personen wie Anna Karenina, Gulliver, der Baron Münchhausen, die Schildbürger oder Pantagruel, der Riese, gleichen "abwesenden Bekannten", über die man spricht. Sie sind nicht körperlich anwesend und können nicht in die Erzählung eingreifen, doch ihr Wesen und ihr Charakter wird dadurch offenbart, dass ihr Handeln und ihr Verhalten erzählt und beurteilt werden - genau wie historische Personen auch. Geschichten können dabei so machtvollen Gehalt entwickeln, dass sich Fangemeinden bilden, die mit mehr oder weniger sinnvollen Mitteln den Versuch unternehmen, auf irgendeine Weise in die Welt der literarischen Figuren einzudringen. Literarische Gesellschaften pflegen das Erbe durch Kostüme, Veranstaltungen, Lesungen, Feste und Gedenkveranstaltungen, vor allem in der angelsächsischen Welt. Als Arthur Conan Doyle beschloss, die Karriere des Detektivs Sherlock Holmes zu beenden, kam es zu einem Aufschrei in der Fangemeinde. Goethes Werther beging Selbstmord und löste eine Welle von Nachahmer-Suiziden unter Goethe-Fans aus.

Die jeweils neuen Bücher der Harry Potter Serie wurden bei Erscheinen mit quasi-religiösen aber spontanen Zeremonien empfangen und die Werke des P. G. Wodehouse werden weltweit in Fan-Clubs gefeiert, die die Welt des Bertie Wooster nachzuempfinden trachten. Auch die diversen Star Trek Gemeinden sind bekannt für außergewöhnliche Phantasie in Bezug auf das Zelebrieren ihrer Helden, extreme Detailkenntnis und für einen geradezu sprichwörtlichen Glauben an die Grundaussagen der Serie. In dem Film *Galaxy Quest* wird diese Geisteshaltung in Perfektion persifliert.
Geschichten beschreiben Konstellationen von Figuren. Damit bezeichnet man stilisiert dargestellte Menschen. Jede literarische Figur hat im Kontext einer Erzählung eine dramatische Aufgabe. Figuren vermitteln Werte, Handlungsweisen, Stile, Perspektiven und

Vorbilder. Je nach Gestalt der Figur werden sie als wichtig oder unwichtig, gut oder böse wahrgenommen. Dies sind die vier wichtigsten Kategorien.

Jede Figur hat eine Perspektive auf die Handlung. Je mehr über eine Figur bekannt ist, desto klarer wird diese Perspektive und desto wichtiger wird die Figur.

Die wichtigste Gruppe sind die *Hauptfiguren*. Ihnen gehört die meiste Zeit auf dem Bildschirm oder die größte Zahl von Seiten - die längste Erzählzeit. Die stärkste Form der Hauptfigur ist der Ich-Erzähler, wie in vielen Karl May Geschichten. Gegenwärtig scheint der Ich-Erzähler etwas aus der Mode zu kommen. Das mag daran liegen, dass diese Form dem Autor relativ wenig Freiheit einräumt. Hauptfiguren können gut oder böse sein. Es treten meistens etwa 4-6 Hauptfiguren auf. Die Dynamik zwischen diesen Figuren genügt, um Handlungen aufzubauen und fast beliebig weiterzuführen. Die Beziehungen zwischen den Hauptfiguren bilden den Motor einer Geschichte.

- Monica, Rachel und Phoebe, Ross, Chandler und Joey
- Harry, Ron, Hermione, Voldemort und Dumbledore
- Luke, Leia, Han, Darth Vader, Obi-Wan
- Leonard, Sheldon, Penny, Howard und Rajesh
- Sherlock, Watson, Moriarty, Lestrade
- Figaro, Susanna, der Graf und die Gräfin

Dazu gesellen sich Nebenfiguren, deren Aufgabe es ist, die Eigenschaften der Hauptfiguren zu spiegeln und zu ergänzen. Vor allem bei TV-Serien wechseln Nebenfiguren dabei manchmal zu Hauptpersonen wie zum Beispiel die neuen Freundinnen der Wissenschaftler in "The Big Bang Theory", die nach und nach immer wichtiger wurden und immer mehr Bildschirmzeit bekamen. Nebenfiguren haben die Aufgabe, die Konstellation der Hauptfiguren mit neuen Themen zu versorgen. Es sind zumeist die Nebenfiguren, über die neue Probleme in die Konstellation der Hauptfiguren eingeführt werden. Sie treten vor allem am Anfang und Ende einer

Geschichte auf. Der zweite Akt gehört in erster Linie den Hauptfiguren. Nebenfiguren bringen Farbe in eine Geschichte.

Hauptfiguren sind tendenziell edler, vorbildlicher und moralischer. Nebenfiguren sind eher bodenständig, realistisch, loyal, schlau und etwas direkter. Sie sind nicht zwangsläufig die besten Freunde der Hauptfiguren. Sie bieten Reibungsfläche. Nebenfiguren tragen häufig exzentrische Züge. Sie sind oft deutlich größer oder kleiner als eine Hauptfigur, wie etwa Mini-Me oder Chewbacca. In Dramen haben sie mehr komische Momente, wie C3 P0. In der Theorie sind Nebenfiguren mit der Nebenhandlung befasst und Hauptfiguren mit der Haupthandlung einer Geschichte. Beide Stränge berühren und beeinflussen sich. In klassischen Hollywood Blockbustern ist es häufig so, dass Hauptfiguren Informationen aus der Nebenhandlung aufgreifen und zur Lösung der Haupthandlung einsetzen.

Die Praxis ist weniger deutlich. Figuren wechseln von Haupt- zu Nebenfiguren oder umgekehrt, Handlungsstränge sind nicht immer klar voneinander zu trennen: Gleichen Geschichten ihrer Struktur nach eher einem Zopf, einer Pyramide, einem Netz, einem Fluss oder einem Glas voller Murmeln?

Haupt- und Nebenfiguren geraten in Konstellation zueinander. Man spricht von Protagonist und Antagonist, wenn zwei Hauptfiguren in Konflikt geraten. Die Begriffe sind griechisch und stammen aus dem Militärwesen. Die beiden Vorkämpfer zweier Heere treffen aufeinander, wie Achilles und Hektor. Die Heere folgen ihnen. Der Protagonist ist dabei derjenige Vorkämpfer, aus dessen Perspektive die Konfrontation erlebt wird. Der Antagonist ist sein Widerpart. Seine Perspektive wird weniger ausführlich geschildert. Es ergeben sich vier Typen von Hauptfiguren, nämlich:

Held-Protagonisten: Dies sind Figuren wie Superman, Rocky, Herakles oder Ivanhoe. Sie vertreten typisch heroische Eigenschaften und stehen im Zentrum der Erzählperspektive; über sie erfahren die Zuschauer am meisten. Sie sind klassische Vorbildfiguren, denn sie durchlaufen eine Version der Heldenreise und entwickeln sich in deren Verlauf zu magischen oder moralischen Übermenschen: Captain America, Luke Skywalker, Atticus Finch, Will Kane, Clarice Starling, Ellen Ripley, Jefferson Smith, Oskar Schindler, Spartacus, Juror Nummer 8, Erin Brockovich, Marge Gunderson und Moses.

Anti-Held-Protagonist: Die "Vorbildfunktion" dieser Protagonisten entsteht durch Umkehrung, beziehungsweise durch Kontrast mit sozialen Normen, wie im Fall des Alkoholikers Hancock, des grausamen Harry Callahan, der seinen Spitznamen Dirty Harry mit Recht trägt oder des intriganten Politikers Frank Underwood. Viele Anti-Helden in Protagonistenrollen sind Kriminelle, wie Dominic Toretto oder Jack Sparrow, Einzelgänger, wie Shrek oder Jack Reacher oder überbrutale Kampfmaschinen wie Machete oder Hellboy. In gewisser Weise ist auch James Bond ein Anti-Held: sexistisch, arrogant, zynisch, brutal und einzelgängerisch. Peer Gynt ist nach Don Quixote einer der grundlegenden Antihelden in der Literaturgeschichte. Ähnlich wie Doktor Faust findet er im Zuge seiner Reisen (und Verbrechen) schließlich eine Art von Erlösung.

Held-Antagonist: Diese Konstellation ist vergleichsweise selten, Figuren, die zugleich heroische Eigenschaften wie Ehrlichkeit, Pflichtgefühl und Verantwortungsbewusstsein verkörpern und Gegenspieler einer, zumeist schurkischen, Hauptfigur sind, wie zum Beispiel Hank Schrader oder Dave Kujan, der gegen Keyzer Soze ermittelte und viele andere Polizisten und Detektive, aber auch Severus Snape, der Lehrer und Beschützer des Harry Potter. Heroische Gegenspieler treten oft auch in Tiergestalt auf, wie King Kong, Godzilla oder Moby Dick, tapfere und starke oder kluge Lebewesen, die sich gegen ihre Verfolger behaupten müssen. Macduff, der Gegenspieler des Macbeth ist ebenfalls ein heroischer Antagonist. Er vertritt die legitime Erbfolge und damit Recht und Ordnung, genau wie Doc Hudson, der Gegenspieler des Rennwagens Lightning McQueen aus Cars.

Anti-Held-Antagonist: Gegenspieler von Helden, die gängigen Moralvorstellungen nicht unterworfen sind, kommen überaus häufig vor. Sie verletzen Regeln und brechen Gesetze wie der Joker, Cruella DeVille, Ra's Al Ghul, Bill the Butcher, Amon Göth; sie folgen ihrer Wahnvorstellungen und mörderischen Impulsen wie Jack Torrance, Jack the Ripper und Hannibal Lecter. Nur in wenigen Fällen sind sie am Schluss siegreich wie Keyzer Soze, Loki, Jigsaw oder Anton Chigurh. Ein Anti-Held Antagonist, der jedoch regelmäßig davon kommt und oftmals sogar gewinnt, ist der Teufel selbst, der Gegenspieler aller guten Menschen und der Gerechtigkeit. Nach vollbrachtem Werk macht er sich auf und davon, um anderswo aktiv zu werden, wie in *Needful Things*, *Rosemary's Baby* und in *Bedazzled*, wo er in Frauengestalt auftritt.

Helden gegen Schurken bilden die beliebteste Konstellation. Sie verlangen dem Publikum die geringste Toleranz ab und entfremden die wenigsten Zuschauer und Leser. Im Gegensatz zu dem Begriffspaar Antagonist-Protagonist ist das Paar Held-Schurke moralisch zu verstehen. Schurken sind böse und stehen für Werte, die eine Gesellschaft als nicht erstrebenswert ansieht. Dies hat mit Tabus zu tun. Häufig sind die Eigenschaften eines Schurken nämlich durchaus realistisch. Menschen sind *auch so*: gierig, rücksichtslos, egoistisch, gemein, verschlagen, unaufrichtig, tückisch, sadistisch, böse, grausam, respektlos und unhöflich. Helden stehen für die dazu passenden Gegenwerte: rücksichtsvoll, selbstlos, ehrlich, aufrichtig, fair, gut, mitleidsvoll und höflich.

Helden und Schurken sind miteinander verbunden. Sie teilen Eigenschaften miteinander und sind auf die eine oder andere Weise verwandt. Darth Vader ist der Vater von Luke, Lord Voldemort kann nur überleben, wenn Harry Potter stirbt. Sherlock Holmes und Professor Moriarty sind die beiden intelligentesten Männer ihrer Zeit. Sehr oft sind Held und Schurke mit dem gleichen Problem konfrontiert, das sie auf verschiedene Weise lösen. Das Publikum bewertet und lernt: Das Krümelmonster teilt seine Kekse nicht. Andere, hübschere Muppets teilen ihre Kekse. Die Botschaft an die Kinder ist klar.

Wenn man Geschichten aus der Sicht der Bösen, der Widersacher und der Schurken zu verstehen versucht, stellen sich viele Stereotype auf den Kopf. Helden reagieren, Helden sind reaktionär, weil sie den alten Zustand wieder herstellen wollen, der herrschte, ehe das Böse auftrat. Helden sind in der Regel *nicht innovativ*. Es sind fast immer die Fieslinge, die die Welt voranbringen.

Nicht umsonst werden viele Antagonisten daher als Unternehmer, Wissenschaftler, als schwerreiche Herrscher oder als verrückte Erfinder dargestellt. Leute mit dem festen Plan, die Welt auf den Kopf zu stellen oder zu verbessern. Viele Helden andererseits sind aber Bauernsöhne, einfache Leute oder Waisenkinder, die froh sind, wenn man sie in Ruhe lässt.[7]

Deswegen sind auch viele Bösewichter deutlich faszinierender als ihre "guten" Gegenspieler. Zum Beispiel *Hänsel und Gretel*. Jeder kann mehr über die Hexe zu erzählen als über die beiden Kinder, die ihr schließlich den Garaus machen? Die Hexe ist wesentlich innovativer: Sie errichtet sich ein Haus aus Lebkuchen, um Kinder anzulocken. Sie hat einen Ofen und Käfige. Das setzt Organisationstalent und technisches Wissen voraus. Sie mästet Kinder, um sie zu fressen, aber sie ist auch etwas kurzsichtig und lässt sich übertölpeln. Wir wissen, dass sie im Wald lebt, allein, und dass sie ziemlich wohlhabend ist. Über *Hänsel und Gretel* andererseits wissen wir fast nichts, aber das reicht auch: Halbwaisen, die sich im Wald verlaufen.

Es gibt zwei Arten von Gegensätzen, einmal die absoluten, die einander logisch ausschließen beziehungsweise unvereinbar miteinander sind, zum Beispiel Licht und Dunkel; Leben und Tod; Menschenwelt und Unterwelt. Viel zahlreicher jedoch sind Gegensatzpaare, die ineinander übergehen und die in der Übergangszone nicht klar voneinander zu trennen sind, wie zum Beispiel oftmals

Wahrheit und Lüge, Geduld und Ungeduld, Altruismus und Egoismus… Steht der Protagonist auf der einen Seite, so wird der Antagonist auf die andere, gegenüberliegende Seite gestellt, um maximalen erzählerischen Effekt zu erzielen. Eine Geschichte wird umso reizvoller, wenn es dem Erzähler gelingt, die Übergänge zu beschreiben, die nichts anderes sind als Ähnlichkeiten zwischen den Gegnern. Gerade bei dramatischen Stoffen gehört es zu den Betriebsgeheimnissen guter Entwickler, die Helden an ihre Widersacher zu ketten. Nur so kann die Ethik beider gewissen Tests unterworfen werden, wenn Ordnung auf Chaos trifft oder Verteidigung in Angriff übergeht, Menschen sich von Tieren unterscheiden müssen, wilde Rebellen ins Establishment überwechseln oder wenn Wissenschaft auf Geisterglauben trifft.

Stillstand bedeutet Tod; Veränderung ist Leben. Das ist das Grundgesetz von guten Geschichten. Deswegen stehen Helden symbolisch für das Leben und die Antagonisten für Tod und Ende. Wenn man so will, stehen sie auch für die Elterngeneration, also, in gewisser Weise für die Helden von gestern. Deswegen sind viele Bösewichter etwas älter als die Helden und gehören zum Establishment, wie in fast allen Western und Thrillern. Helden sind fast immer jünger als ihre Gegner.

Dort, wo sich die beiden Perspektiven auf die Welt treffen, wird es spannend, wie in *A Few Good Men*, wenn "die Bösen" sich selbst als "die Guten" empfinden. Doch der Unterschied ist immer der gleiche: Helden bringen die Welt der überlegenen Schurken ins Wanken.

Archetypen

Jede Figur braucht einen sozial-geistigen Hintergrund, aus dem heraus ihre Perspektive verdeutlicht wird. Der griechische Gelehrte Theophrast, ein Schüler des Aristoteles, hat eine Liste mit 30 typischen Figuren erstellt, die über Jahrhunderte hinweg einflussreich war. Selbst heute sind einige seiner Archetypen noch aktuell, wie etwa er Pfennigfuchser und der Nörgler. Weitere Listen folgten von Horaz und Plautus und den Autoren der Commedia de'll arte. Die Alltagssprache kennt Archetypen ebenfalls: Lieschen Müller, Hans Dampf, das Schwarze Schaf, Hinz und Kunz.
Moderne Archetypen in Film und Literatur sind unter anderem:

- Der zerstreute Professor
- Die naive Blondine
- Der korrupte Politiker
- Der sanfte Riese
- Kleine grüne Männchen
- Die alte Hexe
- Die Diva
- Der verrückte Wissenschaftler
- Der kindliche Detektiv
- Der zynische Polizist
- Der alte Geizhals
- Das Muttersöhnchen
- Der edle Wilde
- Der Killer-Roboter
- Der Industrie-Magnat

Carl Gustav Jung vermutete, dass die Archetypen dem menschlichen Unterbewussten entstammen. Er nahm an, dass einige Figuren der menschlichen Psyche angeboren seien, wie etwa: Muttergestalt, Vatergestalt, das göttliche Kind und der Held. Tatsächlich tauchen diese Archetypen in allen Kulturen auf. Je allgemeiner ein Archetyp beschrieben wird, desto häufiger ist er anzutreffen. Je präziser die Beschreibung, desto stärker ist er auf ein Genre begrenzt. Diana Wynne Jones hat in ihrem Buch "The Tough Guide to Fantasyland" die wichtigsten Archetypen der Fantasy-Literatur auf humorvolle Weise gesammelt. Archetypen sind Schnittmuster für Figuren und können daher nicht urheberrechtlich geschützt werden. Erst die Ausarbeitung einer Figur auf Grundlage von einem oder mehreren Archetypen wird etwas Eigenes. Je mehr ein Autor über eine Figur weiß, desto klarer kann er sie weiter gestalten und beschreiben.

Eine Matrix für literarische Figuren

Name: Menschen brauchen Namen. Dies können sprechende Namen sein, die wie ein Programm funktionieren, etwa Wolverine oder die alte Hexe Mrs. Newless. Namen können Anklänge an Begriffe sein, wie Jack Torrance, dessen Name so klingt wie das englische Wort für Stromschnelle. Gordon Gekko trägt den Namen einer Echse. Namen bieten auch Hinweise auf die Ethnie einer Figur, wie bei Dr. Fu Manchu. Andere Figuren wie Harry Potter oder Freddy Krüger tragen durchschnittliche Namen und besetzen diese.

Archetyp: Fast jede Figur lässt sich einem Archetypus zuordnen. Die Kombination von bekannten Aspekten entscheidet darüber, ob eine Figur dem Leser oder Zuhörer in Erinnerung bleibt. Der sanfte Riese Hodor beispielsweise spricht immer nur das gleiche Wort, das ihm auch seinen Namen gibt.

Gegenpart: Je mehr Gegenspieler eine Figur hat, desto wichtiger ist sie im Rahmen der Handlung. Je stärker die Gegenspieler sind, desto mehr Energie muss eine Figur aufwenden, um schließlich zu obsiegen. Eine Figur ohne Gegenpart kann ihre Qualitäten nicht unter Beweis stellen.

Aussehen: Vor allem beim Film verrät das Aussehen einer Figur unmittelbar eine Menge, noch bevor die Figur die Gelegenheit hatte, etwas zu sagen. Auch hier spielen Archetypen eine wichtige Rolle. Verrückte Wissenschaftler etwa haben häufig eine wirre Frisur, die an Einstein oder Beethoven erinnert.

Markenzeichen: Vor allem bei Superhelden gibt es Markenzeichen wie Masken, Capes oder bestimmte Signaturgeräte, wie das Batmobil. Markenzeichen können auch wiederkehrende Ausdrücke und Redewendungen oder Handlungen sein, beispielsweise der vulkanische Gruß des Mr. Spock oder das Geheul des kleinen verwilderten Jungen aus Mad Max II. Manche Figuren haben sogar eigene Sprechweisen, die hohen Wiedererkennungswert haben, wie zum Beispiel die eigenwillige Grammatik des Master Yoda.

Verhalten: Wie reagiert eine Figur auf Bedrohung; wie geht sie mit Frustrationen um und wie verfolgt sie ihre Ziele? Bestraft sie Versagen mit sofortiger Hinrichtung wie viele Schurken aus James Bond Filmen? Verhalten ist Charakter, und daher ist die Darstellung von Reaktionen eine Art Abkürzung in das Wesen einer Figur hinein: "Zeigen, nicht beschreiben", lautet die entsprechende Empfehlung an Autoren.

Know-how: Was weiß ein Charakter und wie wendet er sein Wissen an? Welche Fächer hat der verrückte Wissenschaftler studiert und welche Bedrohungen entfesselt er damit: Biologie, Robotik, Chemie oder eine neue erfundene Wissenschaft. *Wissen ist Macht*, heißt es bei Francis Bacon. Es kann Wissen über Verwaltungsvorgänge, Regeln der Hochfinanz oder des organisierten Verbrechens sein; Wissen über Waffen und Geräte, Magie, exotische Tiere und Pflanzen - kurz, alles, was im Laufe der Geschichte irgendwie auf überraschende Weise nützlich werden kann.

Waffen: Revolver, Lichtschwerter, Faust, Gift, Dolch, Humor, Intrigen und Gerüchte... Eine Figur, die sich in einem Konflikt befindet und sich wehren muss, greift zu entsprechenden Mitteln. Diese können sehr subtil sein wie in "House of Cards" oder sehr explizit, wie in Thrillern und Horrorfilmen. Die Wahl der Waffen verrät ähnlich wie das Aussehen viel über eine Figur.

Gewaltbereitschaft: bleibt eine Figur gelassen oder wird sie schnell handgreiflich? Geduld ist eine weitere Charaktereigenschaft, die sich gut eignet um den Vorbildcharakter von Figuren zu diskutieren, etwa mit Blick auf die Frage, ob eine Figur es genießt sich zu prügeln, wie Obelix der Gallier.

Motivation: Was treibt eine Figur an? Strebt sie nach Geld und Macht, nach Wissen, wie der Gott Odin, sucht sie Befriedigung, Rausch und Lust oder will sie ihre Nachkommen schützen, wie Godzilla und Mrs. Robinson? Befindet sich eine Figur auf dem Kriegspfad und nimmt sie Verletzungen und sogar den eigenen Tod in Kauf, um sich an einer anderen Figur zu rächen?

Konfrontation: Im Grunde gibt es drei Typen von literarischen Konfrontationen. Zwei Parteien bewegen sich aufeinander zu, wie bei Karate Kid, sie verfolgen einander wie bei "In 80 Tagen um die Welt" und sie entfremden sich zunehmend voneinander, wie im "Rosenkrieg".

Die drei zentralen Konfliktebenen in Geschichten sind: *Mensch gegen Mensch, Mensch gegen die Natur und die Inneren Kämpfe eines Menschen* - oder Kombinationen daraus. Eine spannende Geschichte bietet einen Mix aus allen drei Ebenen, wobei jedesmal ein Symbol für diesen Kampf gefunden werden muss. Luke Skywalker zum Beispiel hat gegen die Unwirtlichkeit von fremden Planeten zu kämpfen, riesige Frostwelten oder sumpfige Urwälder; er muss außerdem die Soldaten des Imperiums und vor allem seinen eigenen Vater in Schach halten, aber er muss auch, und das ist der vielleicht schwierigste Kampf, mit seiner Rolle als Jedi zurechtkommen, oder in anderen Worten, mit "The Force", die ihn durchdringt, und die fortan sein Leben bestimmt.

Verbündete: Ob eine Figur ein Einzelgänger ist wie Tarzan oder als Kommandant eines Raumschiffes über viele Menschen herrscht wie Kapitän Kirk - die Zahl und die Qualität der Verbündeten gibt Aufschluss über einen Charakter. Hier entwickelt sich die Beziehung zwischen Haupt- und Nebenfiguren, indem die verschiedenen Arten und Weisen, wie man mit Verbündeten umgeht diskutiert werden.

Täuschung: "Alle lügen!" Dies ist die Einsicht des Arztes Gregory House. Er durchschaut seine Patienten und Kollegen und findet die Wahrheit heraus. Die Täuschungsversuche machen seine Arbeit interessant. Literarische Figuren verheimlichen, betrügen, vertuschen, verschweigen und beschönigen ihre Hintergründe. Die Gegenfiguren sind bemüht, diese Täuschungen zu durchdringen. Dadurch entsteht dramaturgische Dynamik.

Stärke: Was kann eine Figur besser als die Zuschauer? Die Antwort auf diese Frage entscheidet über Sympathie und Bewunderung: Körperliche Kraft wie bei Conan der Barbar, kluger Witz wie bei Tyrion Lannister und Einfallsreichtum wie beim Baron Münchhausen. Es können Fähigkeiten sein wie IT-Kenntnisse, Zauberkunst, Reit- und Fechtkunst. Sobald eine Figur in den Zuhörern den Wunsch auslöst, *so zu sein* wie die Figur, entsteht eine stärkere Verbindung, damit mehr Interesse an der Geschichte und mehr Aufmerksamkeit für den Erzähler.

Schwachpunkt: Achill und Siegfried sind Beispiele für nahezu unbezwingbare Helden, die eine tödliche Schwäche hatten. Smaug der Drache konnte nur an einer Stelle verletzt werden. Institutionen wie der Todesstern oder das Imperium des Gordon Gekko haben Schwachstellen. Elefanten fürchten sich angeblich vor Mäusen und der Riese Goliath konnte mit einer Steinschleuder besiegt werden, genauso wie Vampire mit Knoblauch und Silber vertrieben werden können.

Schuld: Wer soll den ersten Stein werfen? Je erwachsener die Zielgruppe einer Geschichte ist, desto unklarer wird die Frage nach Schuld und Unschuld. Kindergeschichten sind häufig sehr eindeutig. Helden müssen Schuld oder zumindest Schuldgefühle tragen. Ihre Gewissensbisse bieten die Oberfläche zur Diskussion von ethisch-moralischen Vorstellungen. Bei den Schurken und Monstern bietet die Schuld die Erklärung für die spätere Niederlage. Böse Marsmenschen müssen vernichtet werden, wenn sie die Erde angreifen; Werwölfe müssen vernichtet werden, wenn sie Menschen beißen und Politiker müssen ins Gefängnis, wenn sie korrupt werden und sich auf Kosten der Armen bereichern. Man spricht von "poetischer Gerechtigkeit".

Fehler: Vor allem Schurken und Monster begehen im Lauf des zweiten Akts oder sogar noch früher einen Fehler, der schließlich zu ihrem Untergang führen wird. Auch Helden begehen Fehler, die sie jedoch meistens im zweiten Akt wieder gut machen können. Wie viele Bösewichter haben es versäumt, James Bond einfach zu liquidieren als sie die Gelegenheit dazu hatten? Wie häufig geben sich böse Viehbarone des Wilden Westens mit ihren Gewinnen nicht zufrieden? Die Diskussion der Fehler und Fehlentscheidungen ist eng mit den ethisch-moralischen Werten einer Geschichte verbunden.

Ende: *Gleiches mit gleichem vergelten* ist eine Regel der poetischen Gerechtigkeit. Wer Gewalt zuerst anwendet kommt durch Gewalt zugrunde. Wer Gerüchte streut verliert selbst am Ende sein Ansehen. Das Ende einer Figur ist emotional und bietet Gelegenheit, über ihr Handeln Bilanz zu ziehen. König Claudius wird von Prinz Hamlet gezwungen, das eigene Gift zu trinken; der T-1000 stirbt im Hochofen und Ronny Delany wird mit seiner eigenen Bombe in die Luft gesprengt. Selten gelingt es Bösewichtern zu überleben und davonzukommen, wie etwa Hannibal Lecter. Dieses Ende ist im Allgemeinen für die Helden reserviert. Sie heiraten, wie kehren in ihre alten Berufe zurück oder gliedern sich erneut irgendwie in die Gesellschaft ein.

Welten und Reisen

Über die Heldenreise und die Drei-Akt-Struktur ist viel geschrieben worden. Die Erkenntnis, dass Helden eine Geschichte erleben müssen und dass es auf die Perspektive ankommt, wen wir als Helden wahrnehmen, gehört mittlerweile zur Allgemeinbildung. Storytelling wird im Rahmen der verschiedensten Fakultäten gelehrt und studiert. Im Kern kann man sagen, dass fast alle erfolgreichen Geschichten einer Grundformel folgen. Die erzählte Welt hat zwei Teile, eine normale Hemisphäre und eine magische. Der Held bewegt sich von der normalen, der alltäglichen Hemisphäre in die magische hinein, dort erlebt er Freundschaft, Feindschaft, Niederlagen und Sieg, bevor er in die reale Welt zurückkehrt. Dies sind die drei Akte und dies ist die Heldenreise. Harry Potter verlässt die Welt der Muggles und geht nach Hogwarts und kehrt am Ende des Abenteuers dorthin zurück. Odysseus kehrt nach Ithaka zurück, Thor kehrt heim nach Walhalla und Doctor Watson kehrt in die Baker Street zurück. Die reale Welt dient dazu, den Zuhörer dort abzuholen, wo er ohnehin schon ist. Dann folgt das Versprechen einer abenteuerlichen Reise. Wer dem Versprechen glaubt, wird Zuhörer. Wer ihm nicht glaubt, wird Kritiker. Ein Erzähler der sein Versprechen bricht, ist schlechter als einer, der es erfüllt. Die Reise in die magische Welt, die unendlichen Weiten des Weltraums, ein leerstehendes Hotel, die Schokoladenfabrik, Schatzinsel, Neverland folgt den Regeln des realen Reisens mit Vorbereitungen, Fehlern, Missgeschicken, Fehlentscheidungen, Begegnungen und Erfahrungen, die weit über die Reise an sich hinausgehen. Reisen bildet, sagt man, und das gleiche tun Geschichten, wenn sie glaubhaft sind. Der Held und seine neuen Freunde entdecken Kerne der Realität in der magischen Welt und der Zuhörer entdeckt Kerne der magischen Realität in seiner Wirklichkeit. Es gibt daher Enklaven beider Hemisphären in der jeweils anderen, und der Bösewicht, Gegenspieler oder das Monster gehört stets vor allem der magischen Hemisphäre an. Diese Dreiteilung funktioniert bei Spielfilmen, Werbeclips, Musikvideos und Zirkusvorstellungen gleichermaßen. Ted Talks sind ähnlich, sie beginnen mit einer Feststellung, mit der sich viele Zuhörer identifizieren können, bewegen sich in die Welt der Zukunftsvisionen oder in die Welt der Experten und kehren mit anwendbaren Einblicken zurück.

Erzählstimmen

Geschichten sind überall. Man begegnet ihnen im Kino, im Fernsehen und vor den Bildschirmen, auf Bühnen, in Kinderzimmern und am Familientisch, in Kneipen und auf der Strasse. Wo immer Menschen einander begegnen, berichten sie sich von Handlungen und Entwicklungen.

Arten von alltäglichen Geschichten sind:
- Anekdoten
- Witze
- Nachrichten
- Kommentare
- Beschreibungen
- Ausreden
- Lügen
- Gerüchte

Wem wird geglaubt? Wem hört man am liebsten zu? Erzähler kommen in allen möglichen Gestalten vor. In kommerziellen Geschichten werden die Erzähler häufig als etwas älter und männlich dargestellt, wie im Namen der Rose oder in The Shawshank Redemption. Sie stehen mit der Handlung, über die sie berichten in Verbindung oder sind selbst die Hauptfigur. Dies verleiht ihrer Stimme Glaubwürdigkeit, denn Geschichten werden von Überlebenden erzählt.

Die Stimme des Erzählers gleicht der Perspektive der Kamera im Film. Sie bewegt sich und erfasst Situationen und Dinge. Die Erzählstimme geht darüber hinaus und beschreibt innere Vorgänge der Handelnden, Gedanken und innere Monologe. Theoretisch kann jede grammatische Person als Erzähler dienen und sich dabei an jede grammatische Person als Zuhörer wenden (Wir-ihr; ich-du; ich-ihr…). Dies kommt vor allem in Liedern und Gedichten zum Einsatz, zum Beispiel in der *Ode an die Freude*. Aber auch Pinocchio

beginnt mit einer Anrede in Ihr-Form. In der Praxis des Roman-
schreibens überwiegen der so genannte Ich-Erzähler und der auktoriale Erzähler, der häufig alles oder fast alles weiß. Auch hier sind
rare Kombinationen möglich, wie der allwissende Ich-Erzähler.
Der auktoriale Erzähler verwendet zumeist die dritte Person und
richtet sich selten direkt an seine Zuhörer. Die häufigsten Zeitstufen
sind Perfekt und Imperfekt/Präteritum. Dies spiegelt die Gebräu-
che im deutschen Sprachraum wider, wobei der Süden mehr zum
Perfekt neigt als der Norden.
Dies bringt nebenbei einige Schwierigkeiten für Synchronsprecher
mit sich, da die englischen Vergangenheitsformen meist kürzer
sind als die deutschen. Dies bringt Probleme mit den Lippenbewe-
gungen mit sich. Deswegen tritt die deutsche Perfektform mit ihrem Parenthese-charakter in synchronisierten Filmen so gut wie nie
auf. Gegenwart und Zukunft sind Zeitstufen, die sich für das Erzählen wenig bewährt haben. Sie bleiben im Großen und Ganzen
experimentellen Texten und Auswahl-Abenteuerbüchern vorbehalten, in denen der Leser analog zu Rollenspielen den Verlauf der
Handlung interaktiv mitbestimmen kann. Auch Computerspiele
richten sich häufig direkt an den Spieler und verwenden dabei die
Gegenwartsform.

Ähnlich wie die Figuren einer Handlung kann auch die Erzählstimme variiert werden. Der Erzähler kann viel oder alles wissen;
er kann sich als zuverlässig oder unzuverlässig herausstellen und
sogar lügen wie *Verbal Kint* in dem Film "Die üblichen Verdächtigen". Der Erzähler kann seine Meinungen und Urteile preisgeben
oder sich zurückhalten. Er kann seine Zuhörer direkt ansprechen
oder sich an eine weitere Person wenden, die nicht mit dem Leser
identisch ist. Er kann ein fiktives Selbstgespräch vor einem Freund
führen, wie der Erzähler in Sandor Marais Roman *Die Glut*.
Ist ein Erzähler politisch, sozial, religiös motiviert? Erzählt er seine
Geschichte, um sich selbst zu positionieren oder zu unterhalten?
Welche Erkenntnisse werden den Zuhörern frei Haus geliefert und

auf welche Schlussfolgerungen sollen sie selbst kommen? Wie direkt oder subtil ist die Erzählstimme, und wie komplex sind die Strukturen der Erzählung? Je mehr Fragen sich die Zuhörer selbst stellen, desto klarer wird das Umfeld einer Geschichte und das Maß der Manipulation, das sie ausübt. Soll eine Geschichte zum Nachdenken anregen, zum Handeln, zum Beispiel zum Kauf einer Ware oder soll sie die Zuhörer ruhig stellen und für eine gewisse Zeit an den Bildschirm fesseln. Soll die Geschichte Werte vermitteln oder vernichten? Stabilisiert eine Geschichte bestehende soziale, politische oder ethische Strukturen oder unterwandert sie diese? Solche Fragen helfen dabei, eine Erzählstimme besser zu verstehen und die Geschichte in ihrer Ausrichtung besser zu deuten.

Titel einer Geschichte

Wie soll man eine Geschichte nennen? Im Zeitalter der massenhaften Produktion von fast allem ist es fast notwendig geworden, selbst Geschichten serienmäßig zu publizieren. *Publish or Perish* lautet eine Maxime. Vor allem aus dem anglo-amerikanischen Markt kommen einige interessante Lösungen für das Problem der Serienproduktion. Stephen King hat es vermocht einsilbige oder zumindest sehr kurze Wörter als Erkennungsmerkmal seiner Bücher zu etablieren. Terry Pratchett fügt den Titeln seiner Fantasyromane den Zusatz "A Discworld Novel" hinzu. James Pattersons Romane tragen oft Zahlen im Titel und J.K. Rowling verlieh ihren Bestsellern Titel, die stets mit "Harry Potter and the …" beginnen.

Bei Serien zählt der Wiedererkennungswert. Doch woher weiß ein Autor, ob er aus einem Roman eine Serie machen wird? Wann funktioniert eine Geschichte so gut, dass es sich lohnt, die Figuren weiter zu entwickeln und Fortsetzungen zu schreiben?

Titel von Geschichten haben mehrere Funktionen. Sie müssen kurz genug sein, um auf einem Buchcover oder dem Thumbnail eines oneline-Shops groß genug in Erscheinung zu treten. Sie müssen ausführlich, beziehungsweise lang genug sein, um genug Informationen zu bieten. Sie sind oft so konstruiert, dass sie einen Zusatz oder einen Untertitel aufnehmen können. Die längsten Buchtitel waren in der Barockzeit üblich. Ein Buch mit der Bezeichnung "Der Abentheuerliche Simplicissimus Teutsch" würde heute von Lektoren und Verlegern sicherlich anders betitelt werden. Heute sind kurze und prägnante Titel üblich. Häufig ist es so, dass der Titel vom Autor zwar vorgeschlagen, doch letztlich vom Verlag festgelegt wird. Ähnlich verhält es sich mit Filmen und Computerspielen. Der erste Titel ist häufig nur ein Arbeitstitel. Im Lauf der Produktion ändert sich die Gestalt in der Regel sogar mehrfach.

Die gängigste Form von Titeln, vor allem bei Büchern, ist nach der Formel "Artikel + Nomen im Nominativ Singular" oder nur "Nomen im Nominativ Singular" konstruiert: Die Blechtrommel, The Graduate, La Boum, Die Bibel, Die Odyssee, Candide, Parzifal, Das Schloss, Ulysses, und Der Stechlin. Diese Grundformel kann um Adjektive und Pluralform erweitert werden: Die Elenden, Die Göttliche Komödie, die Wahlverwandtschaften und Die Toten Seelen.

Die Kombination von zwei Nomen mit Genitiv oder die Verbindung mit "und" ist ebenfalls häufig: Kinder- und Hausmärchen; Kater Murr und Kreisler, Rot und Schwarz, Das Bildnis des Dorian Gray, Der alte Mann und das Meer, Sein und Zeit, das Ich und das Es, Der Teil und das Ganze.

Anfänge von Geschichten

Es gibt bei allen rhetorischen Unterschieden einige Dinge, die jeder Erzähler erreichen muss, um seine Geschichte erzählen zu können. Zunächst muss er seine Legitimation unter Beweis stellen. Immerhin wird der Erzähler die Aufmerksamkeit des Lesers oder des Zuhörers für einige Stunden einfordern. An erster Stelle beweist ein Erzähler häufig seinen Informationsvorsprung vor dem Publikum oder enttäuscht die Erwartungen, wie Holden Caulfield, der Fänger im Roggen, der sich gleich im ersten Satz weigert, biographische Details über sich zu verraten. Der erste Satz kann aus einer geheimnisvollen Vorstellung bestehen, wie in Moby Dick. Der Erzähler sagt einfach: "Nennt mich Ishmael".

Homo Faber beginnt mit einem Detail aus einer Flugreise. Als der Roman erschien, Ende der Fünfziger Jahre, galten Flugreisen noch als etwas durchaus Besonderes. Jack Kerouac erwähnt in "On the Road" seine Scheidung und Kurt Vonnegut berichtet in Schlachthof 5 von einer Erschießung. Der Erzähler weiß mehr als das Publikum und positioniert sich als Mittelpunkt. Das ist fast immer der erste Schritt. Danach beginnen die Schwierigkeiten. Die ersten Sätze sind, ähnlich wie die ersten Momente eines Films dazu da, die Welt des Erzählten zu präsentieren. Beim Film können zahlreiche Informationen auf einmal erscheinen. In Romanen ist der Einstieg zwangsläufig langsamer. Gleich die ersten Wörter verraten jedoch schon den Stil der Erzählung und das Sprachniveau. Spricht der Erzähler kultiviert wie Thomas Mann oder flucht er wie William S. Borroughs? Auch das Tempo der Erzählung wird schnell deutlich. Hält sich der Erzähler mit vielen Einzelheiten auf wie Marcel Proust oder steigt er direkt in die Handlung ein? Sind die Sätze kurz oder lang? Formuliert der Erzähler direkt wie William Faulkner oder umständlich-ironisch wie Laurence Sterne? Viele Zeitungen, darunter die New York Times publizieren die ersten Kapitel der von ihr rezensierten Neuerscheinungen online.

Der Beginn einer Erzählung ist wichtig für die Erwartungshaltung der Zuhörer. Erzähler, die diese Erwartungen enttäuschen gehen ein Risiko ein. Anders als die Figuren in einer Geschichte, verändern die Erzähler sich nicht oder weniger. Die Beziehung zwischen Erzähler und Geschichte bleibt auch deswegen oft mehr oder weniger konstant, weil die Handlung aus der Sicht des Erzählers bereits abgeschlossen ist. Das Urteil steht schon. Dennoch gibt es natürlich Veränderungen, auch, weil der Blick des Verfassers auf die Geschichte sich vertieft und damit ändert. Je weiter ein Verfasser seine Geschichte vorantreibt, desto mehr lernt er selbst darüber. Lernen verändert die Sichtweise. In dem ersten Band von Harry Potter beispielsweise stehen anfangs noch mehr oder weniger versteckte Lerninhalte wie etwa der Unterschied zwischen *Stalagmiten* und *Stalagtiten*. Im späteren Verlauf der Geschichte verzichtet die Autorin auf solche Aspekte.

Schluss einer Geschichte

Man unterscheidet zwei Arten, eine Erzählung zu beenden: das geschlossene Ende und das offene. Fernsehserien müssen das offene Ende einsetzen, um die nächste Folge präsentieren oder sogar ankündigen zu können. Wird dies auf spannende Weise getan, spricht man von einem Cliffhanger. Auch Kinofilme tun dies, wenn am Ende des dritten Aktes der vermeintlich getötete Antagonist zum Beispiel erneut die Augen öffnet. Magneto, der Mutant, der seine Kräfte verlor, zeigt in der letzten Szene von *The Last Stand*, dass er wieder in der Lage ist, Metall zu manipulieren.

Die letzten Sätze von Romanen werden weniger prominent wahrgenommen als die ersten Sätze. Dies mag auch an der Länge von Romanen liegen und dem Gefühl, das ein Leser hat, der gerade mehrere hundert Seiten hinter sich gebracht hat. Es kann aber auch daran liegen, dass der letzte Satz eines Romans häufig nicht graphisch prominent dargestellt wird. Stünde vor dem letzten Satz ein graphisches Element oder würden letzte Sätze auf einer separaten Seite präsentiert, hätten sie mehr Aufmerksamkeit. Bekannt sind unter anderem das Ende von Orwells 1984 "Er liebte den Großen Bruder" oder "So lebte er hin", das Ende von Georg Büchners Lenz.

Die letzten Sätze eines Films kommen überraschender als die eines Romans, die das Auge des Lesers am Ende der letzten Seite näher kommen sieht. Der vielleicht berühmteste Satz stammt aus Billy Wilders Manche mögen's heiß: "Well, nobody is perfect!". Casablanca endet mit "Louis, I think this is the beginning of a beautiful friendship". Dieses Ende ist eine Mischung aus offenem und geschlossenem Ende. Beides wäre möglich. Bekanntlich wurde Casablanca nicht fortgesetzt, im Gegensatz zu dem Film Zurück in die Zukunft. Der letzte Satz lautet: "Straßen? Wo wir hingehen brauchen wir keine Straßen." Der Italian Job endet mit den Worten "Hang on, lads; I've got a great idea!" Es ist damit klar, dass die Verbrecherbande noch nicht in den Ruhestand gehen wird.

Auch das Schweigen der Lämmer endet offen, schließt aber die Geschichte ab. Hannibal Lecter sagt, dass er das Telefonat beenden muss, da er einen alten Freund zum Abendessen da hat.

Kommerzielle Geschichten

"Let's have some new clichés!", sagte Samuel Goldwyn angeblich einmal. Geschichten brauchen Wiedererkennbares. Sie müssen Orientierung ermöglichen und damit zulassen, dass sich das Publikum ein Urteil bildet. Figuren müssen definiert sein, etwa durch ihre Redeweise oder ihr Auftreten. Die Sprache des Erzählers sollte etwas mit der Realität der Zuhörer zu tun haben. Zu gekünstelte oder zu vulgäre Sprache schafft eine Kluft. Die dramatische Struktur einer kommerziellen Geschichte ist überschaubar, bestenfalls ohne dabei vorhersehbar zu sein. Es treten Wendungen auf und sorgen für unterschiedliche Emotionen. Da Schreiben eine Kunst ist und keine exakte Wissenschaft, gibt es vermutlich keine Formeln. Eines Tages, wenn Maschinen die Menschen an Intelligenz übertreffen werden, Ray Kurzweil nennt diesen Moment die "Singularität", wird es vielleicht eine solche Formel geben. Bis dahin ist die Kunstfertigkeit der Menschen gefragt. Das bedeutet Stilempfinden, Bauchentscheidungen und Erfahrungswerte.

Kommerzielle Geschichten haben Gemeinsamkeiten. Es geht häufig um einen Mord oder einen Todesfall, der entweder geklärt oder abgewehrt werden muss. Es gibt ein Geheimnis oder eine zentrale Frage. Es geht fast immer in der einen oder anderen Weise um eine offene Rechnung oder den Wunsch nach Rache.
Die Suche nach der Lösung oder der Antwort geschieht in den Stationen der Heldenreise, wie sie Christopher Vogler und Joseph Campbell formuliert haben. Die Sprache vieler Bestseller ist nahezu "unsichtbar", das heißt, der Stil der Verfasser ist nicht auffällig. Dies ermöglicht das Eintauchen in die literarische Welt mit möglichst geringen Schwellen.

Kapitel enden offen und sorgen dafür, dass die Spannung nicht nachlässt. Cliffhanger spielen innerhalb eines Buches eine größere

Rolle als am Ende. Man spricht auch von einem "Page-turner", einem Buch, das sich fast wie von selbst liest. Die meisten kommerziellen Geschichten sind filmisch geschrieben. Sie arbeiten mit Bildern und Szenen. Damit wird es einfacher ein Drehbuch zu schreiben und es erreicht die Leser besser, vor allem solche, die flüchtig lesen wollen oder eigentlich lieber den Film sehen würden.

Kommerzielle Geschichten lassen den Bösewicht oft besiegt davonkommen, was eine Fortsetzung ermöglicht. Der Held ist oftmals anfangs ein durchschnittlich erscheinender Mensch, der jedoch besondere Fähigkeiten entdeckt oder gewinnt. Damit erschließt sich das Potenzial des Helden. Er wächst über sich hinaus. Harry Potter ging zunächst auf eine normale Schule; Luke Skywalker war ein Hinterwäldler und Bauernjunge. Peter Parker wurde auf einem Ausflug von einer Spinne gebissen und verwandelte sich dann in den Spiderman. Superman war auf seinem Heimatplaneten einst ein ganz normales Baby, dann kam er auf die Erde.

Der biblische Moses war ein ganz normaler Säugling, bis ihn die Tochter des Pharao im Schilf fand. Die Entwicklung eines Helden verläuft nicht linear sondern exponentiell. Das unterscheidet ihn von anderen Figuren. Dieses Wachstum ist notwendig, um sich dem Gegenpart stellen zu können, der häufig einen sozialen oder körperlichen Vorsprung vor dem Helden hat. Eine Vielzahl von Helden aus kommerziellen Geschichten ist ferner hellhäutig, männlich und stammt aus der Mittelschicht. Darin spiegelt sich die "Elite" der meisten westlichen Nationen und auch Indiens.

Dass kommerzielle Geschichten den Auftrag zum Systemerhalt haben, ist bereits erwähnt worden. Es gibt natürlich auch Heldenfiguren, die von diesem Schema abweichen, etwa Blade, Shaft, Alex Cross als dunkelhäutige Helden; die Figuren des Bruce Lee oder Jackie Chan. Weibliche Heldinnen nach quasi männlichem Muster sind Selene, Xena, Wonder Woman, Ellen Ripley, Lara Croft, Buffy und Catwoman.

Diese Figuren treten allein auf oder bleiben bis zum Schluss am Leben, genau wie die klassischen männlichen Gegenstücke. Diese

Filme waren in der Regel weniger umsatzstark oder sogar verlust-reich. Ein überaus erfolgreiches Gegenbeispiel ist der Black Pan-ther, dessen Casting und Setting vor allem für einen Mega-Hit sorgte, auch wenn das Drehbuch von einigen Kritikern als wenig innovativ empfunden wurde.

Professionelle Schriftsteller

Der Beruf "Schriftsteller" ist in vielerlei Hinsicht einzigartig. *Nassim Taleb* hat in seinem Buch über "Antifragilität" die Behauptung aufgestellt, dass Schriftsteller zum Beispiel durch keine Skandale, Attacken oder Niederlagen beruflich Schaden nehmen können. Was Angestellten und Beamten die Karriere ruiniert, kann einem Schriftsteller nur nützlich sein - zumindest, was den Verkauf seiner Bücher betrifft. Der Beruf ist auch in der Hinsicht bemerkenswert, dass er in höchstem Maß auf Selbstorganisation, Freiheit und ständigem Lernen basiert. Schriftsteller lernen von Schriftstellern, indem sie möglichst viel lesen und sich mit den Techniken ihrer Vorgänger und Zeitgenossen auseinandersetzen. Je mehr ein Schriftsteller von der Grammatik seiner Sprachen versteht, desto analytischer kann das geschehen.

Die Analyse betrifft oftmals weniger die Themen oder die Inhalte und Botschaften einer Geschichte (also das, was das Publikum in erster Linie interessiert), als die syntaktische Form, in der diese Geschichten gefasst sind. Hemingway zum Beispiel ist bekannt für seine schmucklose, lineare Sprache. Er konstruierte keine neuen Begriffe oder sprachlichen Wendungen, sondern orientierte sich an dem, was er in der Umgangssprache, etwa von Soldaten, vorfand. In dieser Tradition steht wiederum Lee Child, dessen Protagonist Jack Reacher dem Leser ebenfalls so gut wie schnörkellos in kurzen und kürzesten Sätzen entgegen tritt:

Subjekt Prädikat Objekt Punkt

Die durchschnittliche Länge eines Satzes liegt bei 8-12 Wörtern, es überwiegen Wörter mit germanischen Wurzeln und technische Begriffe und Bezeichnungen. Auf der anderen Seite des Spektrums stehen Shakespeare, P.G. Wodehouse und Douglas Preston, die ansonsten nicht viel gemeinsam haben: Sie zitieren und verwenden

teilweise sehr ungewöhnliche Vokabeln gräkoromanischen Ur-
sprungs; sie konstruieren lange (16-22 Wörter und mehr) und teils
syntaktisch verworrene Sätze mit denen sie sich von der sprachlichen Realität und Erfahrung ihrer Leser deutlich entfernen. Je länger übrigens die Sätze, desto wahrscheinlicher werden Wortspiele.
Das Magazin Forbes[8] stellte im Sommer 2010 eine Liste der bestbe-
zahlten Autoren weltweit zusammen. Dort stehen Namen wie James Patterson, Stephanie Meyer, Stephen King, Danielle Steel, Ken
Follett, Dean Koontz und John Grisham - englischsprachige Schriftsteller, die meist zweistellige Millionenbeträge verdienen. Was haben diese Autoren gemeinsam?

Sie alle verfügen über mindestens *eine* Serie von Stoffen um Hauptfiguren mit Wiedererkennungswert. In den meisten geht es um die
Aufdeckung von Verbrechen oder um Verbrecherjagd oder um Ro-
manzen, Stoffe, die sich für Verfilmungen eignen. Diese Stoffe oder
Themen bearbeiten die Meister oft jahrzehntelang. Patterson und
King, aber auch Steel und Koonth veröffentlichen seit den Siebziger
Jahren Romane und Kurzgeschichten; in vielen Jahren sogar mehr
als einen Titel. Mit dem Erfolg der Publikationen eröffneten sich
neue Publikationskanäle und Medien wie Film, E-Book, Graphic
Novels und TV-Serien.

John Steinbeck, Jack Kerouac, Stephen King, Henry Miller und David Ogilvy ... Die Liste der Schriftsteller, die Hinweise für gutes
Schreiben verfasst haben, ist sehr lang und viele davon sind in den
Pool der Allgemeinbildung hinabgesunken, von woher seitdem un-
terbezahlte Dozenten für kreatives Schreiben an den Hochschulen
semesterweise Weisheit schöpfen.

Es sind Ratschläge wie diese:
- Schreib wie du sprichst (David Ogilvy)
- so schnell wie möglich alles aufs Papier bringen (John Steinbeck)
- Lass dich von Literaturgeschichte und Grammatik nicht behin-
dern (Jack Kerouac)

- Lies deine Dialoge immer laut (John Steinbeck)
- Nie mehr als zwei Seiten zu einem Thema (David Ogilvy)
- arbeite nur an einem Werk bis es fertig ist (Henry Miller)

Warum geben Schriftsteller ihre Tricks so gerne weiter? Zauber-künstler, ansonsten enge geistige Verwandte und Kollegen, tun dies aus Prinzip niemals, und wenn Musiker oder bildende und darstellende Künstler über ihre Arbeit sprechen, kommen sie meistens kaum über schwammige Beschreibungen und esoterische Schilderungen hinaus, vor allem, wenn sie versuchen, ihre allgemeinen Maximen weiterzugeben.

Was bewegt einen Schriftsteller, seine Techniken preiszugeben? Der erste Teil der Antwort ist: Schriftsteller können ihre Maximen formulieren und verallgemeinern und ihr Gegenstand, das Wort, kann mit anderen Worten beschrieben werden.

Die Geisteshaltung eines Schriftstellers legt zweitens nahe, Geheimnisse zu offenbaren und anderen innere Vorgänge zugänglich zu machen. Während der letzte Aspekt auf fast alle Künstler zutrifft, ist die Kombination mit dem ersten, also der Eigenschaft des Offenbarens spezifisch schriftstellerisch. Schauspieler offenbaren die Seele der von ihnen gespielten Charaktere, Musiker offenbaren die Seele ihrer Komponisten - und sobald sie darüber sprechen wollen, müssen sie das Medium wechseln und das Wort verwenden. Schriftsteller bleiben in ihrer geistigen Wertschöpfungskette. Daher ist es auch verständlich, wenn einige Schriftsteller, beide Aspekte in ihren Ratschlägen verbinden und die Hinweise als Offenbarung ihres eigenen Arbeitens verstehen und damit selbst wiederum Literatur schaffen, wie in jenem berühmten Ausspruch Hemingways: "The first draft of everything is shit." - oder, der vielleicht noch berühmtere von Somerset Maugham, in dem allerdings die Mentalität der Zauberkünstler zu entdecken ist:

There are three rules for writing a novel.
Unfortunately, no one knows what they are.

Die deutsche Filmförderung

Als der Erste Weltkrieg sich immer weiter zu Ungunsten des Kaiserreiches entwickelte, stieg der interne Innovationsdruck. General Erich Ludendorff, Chef der Obersten Heeresleitung gab den Befehl, ein deutsches Filmstudio zu errichten, freilich mit der Intention, die entstehenden Werke später zu Propagandazwecken einzusetzen. Da es noch keine nennenswerte Filmwirtschaft gab, die für die Kosten einer solchen Gründung hätte aufkommen können, finanzierte der Staat die Hälfte der Kosten selber. Damit steht die Filmförderung, in Gestalt der Standortförderung am Beginn der kommerziellen Filmgeschichte in Deutschland. Die Filmförderung in Deutschland ist älter als die Filmindustrie selbst. Bis heute hat sich der Einfluss des Staates genauso erhalten, wie die Quote von 50%, die dem Filmschaffenden in verschiedenem Gewand immer wieder entgegentritt, wenn er sich mit Fördermitteln befasst. Das Ergebnis der Ludendorff'schen Gründung wurde als UFA später weltbekannt und ermöglichte sogar bis in die Zeit des Nationalsozialismus hinein das Entstehen einer gewissen Star-Kultur, die freilich nach dem Zweiten Weltkrieg lange Zeit vergebens auf eine Renaissance wartete. Selbst heute, im Jahr 2018, gibt es in Deutschland zwar viele bekannte Schauspieler und so genannte "Promis", aber keine Stars, die es an Glanz und internationalem Einfluss mit ihren amerikanischen, chinesischen, britischen oder indischen Kollegen aufnehmen könnten.

Woran liegt es, dass deutsche Filme - im Gegensatz zu anderen deutschen Produkten, Autos und Werkzeugen, auf den Weltmärkten so erfolglos sind? In Bezug auf den Film ist Deutschland ohne Frage weit davon entfernt Exportweltmeister zu sein - und dies trotz massiver Filmförderung, die es in dieser Art in vielen der erfolgreichen Länder gar nicht gibt. Möglicherweise ist die Filmförderung auch der Grund für diese Situation. Die Staatsquote ist zu hoch.

Die Filmförderung in der Bundesrepublik Deutschland organisiert sich auf mehreren Ebenen, wobei die Regionen die wichtigste Rolle spielen. Zwar ist Kulturpolitik weitgehend Ländersache, doch die Regionen der Filmförderung in Deutschland decken sich nicht vollständig mit den Ländergrenzen.

Bei näherer Betrachtung wird klar, dass der Begriff "Filmförderung" nicht genau passt, denn es werden nicht in erster Linie Filme gefördert, sondern Unternehmen oder Einzelpersonen, die Filme produzieren. Dabei ist das so genannte Regionalprinzip geltend, das besagt, dass Fördermittel aus einer regionalen Filmförderung, also etwa der Berlin-Brandenburgischen, auch in dieser Region wieder ausgegeben werden müssen. Dies hat teilweise die kuriose Folge, dass Produzenten und Entwickler nur zu dem Zweck, bestimmte Mittel beantragen zu können, in andere Bundesländer ziehen oder dort Firmen gründen. Mit dem Stoff, der Geschichte oder dem künstlerischen Motiv hat dies wenig zu tun. Filmförderung in Deutschland ist, und dies wird oft verkannt, in erster Linie Standortförderung und Wirtschaftsförderung, oder, wenn man es boshaft formulieren will, Entwicklungshilfe. Es geht der Filmförderung nicht darum, Geschichten zu erzählen, auch wenn viele Mitarbeiter der entsprechenden Einrichtungen viel von Dramaturgie verstehen.

In den letzten Jahren hat die Debatte über die Daseinsberechtigung der Filmförderung an Gewicht gewonnen, auch im Zuge der Diskussion über die Qualität des deutschen Fernsehens im Zusammenhang mit dem so genannten "Beitragsservice", früher GEZ, dessen Gebühren praktisch eine Art Fernsehsteuer sind. Die Verfassungsmäßigkeit dieser Abgabe ist juristisch umstritten.

Pro Filmförderung

Die Argumente für die Filmförderung haben einiges für sich. Im Vergleich zu anderen Märkten ist der deutsche Sprachraum vergleichsweise klein. Englische, französische oder spanische Produkte erreichen weltweit ein wesentlich größeres Publikum in den verschiedensten Ländern. Der deutsche Sprachraum umfasst neben einigen kleinen Sprachinseln lediglich die Bundesrepublik, Österreich, die Schweiz, Teile Belgiens und der Niederlande, Liechtenstein. Die Filmförderung hat die Funktion, diesen Markt zu schützen.

Die Erfolge bei der Finanzierung großer Produktionen wird ebenfalls häufig als Argument für die Filmförderung angeführt. Die Förderung, so heißt es, würde gleichzeitig verhindern, dass nur marktkonforme, kommerzielle Werke entstünden. Das gewichtigste Argument für die Filmförderung als Standortförderung lautet, dass die nicht besonders wettbewerbsfähige deutsche Filmbranche wesentlich weniger Menschen beschäftigen könnte, gäbe es keine Fördermittel.

Dieses Argument ist freilich volkswirtschaftlicher Natur und hat nichts mit der kulturellen Qualität des deutschen Filmschaffens zu tun.

Contra Filmförderung

Die Argumente, mit denen die Förderlandschaft kritisiert werden, lauten, dass die Filmförderung, ähnlich wie die Entwicklungshilfe in Ländern der Dritten Welt Innovationsanreize und unternehmerische Initiative zerstöre. Angeprangert werden undurchsichtige und bürokratische Vergabepraktiken, die vor allem solche Filmemacher begünstige, die bereits Fördermittel erhalten haben. Die Filmförderung unterstütze, so die Gegner, eben nicht neue, kreative und fortschrittliche Produktionen, sondern stets die üblichen Verdächtigen. Durch das pyramidenartig aufgebaute Fördersystem aus Regionen, Bundesebene und Europaebene, sei ein undurchsichtiger Apparat entstanden, der etwa den Steuerzahlern wenig Transparenz biete. Das ideologische Herzstück der Filmförderung besteht aus vier Dogmen:

1.) "Ohne Filmförderung gibt es keinen deutschen Film."
2.) "Kunst benötigt die Hilfe des Staates."
3.) "Kulturschaffende haben Anspruch auf Förderung."
4.) "U-Kultur und E-Kultur sind voneinander verschieden."
Dem stehen Dogmen gegenüber, die das Gegenteil besagen:

1.) Die Förderlandschaft verhindert das Entstehen international bedeutender Werke
2.) Der Staat hat in der Kultur nichts verloren
3.) Kulturschaffende haben keinen Anspruch auf Förderung
4.) Es gibt nur gute oder schlechte Werke, aber keine U- oder E-Kultur.

Subventionssysteme, ähnlich wie die Steuern, können nur unter größten politischen Risiken reformiert werden. Kein Berufspolitiker, dem seine Karriere etwas bedeutet, fasst diese Themen gerne an. Dennoch gibt es in der Debatte über Sinn und Unsinn der Filmförderung wichtige Themen und Ideen, wie zum Beispiel die Frage, ob es nicht sinnvoller wäre, die Filmförderung, die viele hundert Millionen Euro umfasst, in wenige chancenreiche Großproduktionen zu stecken, um Filme auf internationalem Niveau produzieren zu können. Die sekundären Effekte solcher Mega-Produktionen könnten dann langfristig wirtschaftlich sinnvoller sein als das immer wieder kritisierte "Gießkannen-Prinzip".
Ein anderer Ansatz betrifft die Schwächen des deutschen Films, nämlich Plot und Storytelling. Hier sollte, so meinen zumeist Autoren, wesentlich mehr investiert werden, um bedeutende Stoffe zu produzieren, die wiederum auf dem Weltmarkt eine Chance haben. Es ist der gleiche Denkansatz wie im Fall der Mega-Projekte: Weg von der Standortförderung, hin zur Qualitätsförderung.
Die Debatte um Filmförderung in Deutschland weist aber auch über die Landesgrenzen hinaus, etwa nach Irland oder in die Schweiz, wo man sich für andere, sehr interessante Alternativen

entschieden hat. Es ist ferner zu fragen, welche Rolle das traditionelle Fernsehen und Kino in der Zukunft spielen werden, vor allem angesichts der neuen Medien.

Amerikanische Produktionen haben die Funktionsweise der deutschen Filmförderung längst als Chance erkannt. Es war im Zusammenhang mit den Medienfonds zeitweise ein regelrechter Wettstreit um das sprichwörtliche "Stupid German Money" entstanden.

Die MGM-UA Produktion Valkyrie zum Beispiel erhielt einen großen einstelligen Millionenbetrag. Dies waren in Ansätzen genau jene Mega-Projekte (für deutsche Verhältnisse), die von vielen Gegnern der Filmförderung immer wieder gefordert wurden. Das Problem dabei war und ist nur, dass amerikanisch-deutsche Koproduktionen in der Öffentlichkeit häufig einfach als amerikanische Produktionen wahrgenommen werden, wie *Speed Racer*, *The International* und *The Reader*. In der Außenwirkung profitiert die deutsche Filmbranche wenig, auch wenn die Förderung ohne Frage massiv zur Professionalisierung deutscher Filmschaffender beiträgt. Hinzu kamen erhebliche steuerliche Anreize, die 2005 jedoch weitgehend abgeschafft wurden.

Genau darin liegt ein Problem der deutschen Filmbranche: Der Vergleich mit Hollywood ist ein unfaires Spiel. Einerseits profitierten amerikanische Produktionen jahrelang von deutschem Kapital, andererseits gelang es nicht, die Produktpalette aus Deutschland an Hollywood-Niveau anzunähern, obwohl die technischen Möglichkeiten hierzulande erhebliche qualitative Sprünge gemacht haben. Deutschland kennt nach wie vor keine Stars; es gibt keine großen Label und Marken aus Deutschland, die in serielle Produktion gehen könnten. Die großen, international erfolgreichen Figuren und Welten stammen nach wie vor aus Hollywood, Bollywood, Hong Kong und britischen Studios.

Das "Epische Theater" auf der Leinwand

Möglicherweise liegt es jedoch gar nicht an der Filmförderung oder der Übermacht Hollywoods, dass aus Deutschland nur wenige, international dauerhaft erfolgreiche Filme stammen. Es fällt auf, dass keine oder nur wenige Fortsetzungen produziert werden. Deutsche Filme galten bis "Lola Rennt" lange Zeit auf dem Weltmarkt als geradezu unverkäuflich, weil entweder zu tiefgründig oder zu albern. In den Vereinigten Staaten waren Filme erfolgreich wie "Das Boot"; "Das Leben der Anderen"; "Der Untergang" oder "Good bye Lenin"; "Gegen die Wand"; "Die Blechtrommel" und "Das Weiße Band" und der "Baader-Meinhoff Komplex" - allesamt Stoffe, die sich mit der deutschen Gegenwart und Vergangenheit auseinandersetzen. Sicher, die deutsche Geschichte ist reich an Stoffen, doch andererseits auch nicht reicher als die anderer Kulturen. Es ist nicht das Vorhandensein historischer Stoffe, das auffällt, sondern die Abwesenheit phantastischer und im echten Sinn des Wortes "fiktiver Stoffe". Filme, die an die hoch-kreative Tradition von "Nosferatu" oder "Metropolis" aus den Zwanziger Jahren anknüpfen, sind bis auf wenige Ausnahmen wie "Krabat" (aber auch "Werner Beinhart") kaum oder nur schwer zu finden. Das deutsche Kino stellt kaum neue Welten her. Woran liegt das?

Das moderne deutsche Theater ist bis heute zutiefst von den Ideen Bertolt Brechts geprägt, und über das Theater hat dieser Einfluss auch den Film erreicht. Doch leider funktionieren die Ideen Brechts auf der Leinwand nur zu dem Preis, dass das Medium seine Stärken preisgibt.

Brecht selber hielt sich bekanntlich von der deutschen Filmbranche eher fern - erstaunlicherweise, da er in den Jahren vor seinem Exil mitten in einer der lebendigsten Film-Metropolen der Welt saß, nämlich in Berlin. In den Anmerkungen zu Mahagonny findet sich eine Liste mit Kriterien, wie das Brecht'sche Theater funktionieren solle. Episches Theater. In meinen Augen liest sich diese Liste wie ein Katalog all dessen, was mit dem deutschen Film im Argen liegt, bzw. das Gegenteil dessen, was einen kommerziell erfolgreichen Blockbuster ausmacht.

- Das Stück solle erzählend sein, nicht handelnd
- der Zuschauer solle nicht emotional involviert werden
- das Weltbild des Zuschauers solle in Frage gestellt werden
- die Geschichte solle an die Vernunft gerichtet sein, nicht an Gefühle
- der Zuschauer solle studieren, nicht erleben
- Nicht das Ende einer Geschichte solle interessieren, sondern der Verlauf
- Das gesellschaftliche Sein bestimme das Bewusstsein

Diese intellektuell-engagierten Regeln widersprechen den Grundregeln internationaler Filmerfolge diametral, auch wenn sie aus ehrenwerten, aufklärerischen Motivationen heraus entstanden sein mögen. Sie taugen nicht dazu, bewegende Stoffe auf die Leinwand zu bringen. Da nun aber die meisten Schauspieler und Regisseure zuerst für das Theater ausgebildet wurden, ehe sie zum Film kamen, muss es nicht wundern, dass der übermächtige Einfluss Brechts sich auf das Medium Film erstreckte. Brechts Ziel bestand darin, intellektuelles Theater zu erschaffen, Gefühle und Handlungen ganz von der Bühne zu verbannen und den Zuschauer mit seiner eigenen Vernunft zu konfrontieren.

Das epische Theater bietet Unterhaltung, Spannung und Eskapismus keinen Platz. Doch genau dies sind die Gründe, aus denen Leute Kinokarten kaufen, zum Fußballspiel gehen oder in Rock Konzerte.

Der deutsche Film als "Entwicklungsland"

Anders als die Vereinigten Staaten verfügt Deutschland sozusagen nicht über eine *Filmindustrie*, sondern lediglich über eine *Filmbranche*. Industrie bedeutet Massenfertigung, Standardisierung und Internationalisierung: Hollywood hat beispielsweise das System von Prequel und Sequel quasi zur Religion erhoben. Selbst so schmale literarische Vorlagen wie "Der Hobbit" werden zu Dreiteilern ausgeweitet. Deutsche Filme kennen bis auf wenige Ausnahmen wie *Die Unendliche Geschichte 2* keine Fortsetzungen.

Wenn die deutsche Filmbranche nicht industriell ist, was ist sie dann? Man kann die Auffassung vertreten, dass Deutschland im Hinblick auf sein Filmschaffen ein Entwicklungsland ist. Dambisa Moyo beschreibt in ihrem Buch "Dead Aid" einige Probleme der Dritten Welt, die auch die Zustände in der deutschen Filmbranche beschreiben könnten:

- Entwicklungshilfen und Zuschüsse
Subventionen und Förderpolitik schaffen eine gelähmte Bittsteller- und Antragskultur, die nicht wettbewerbsfähig ist.

- Mangelnde Transparenz
Die Hilfsmaßnahmen werden nicht bestmöglich transparent gemacht. Hilfen kommen an - oder auch nicht. Die Vergabekriterien sind unnötig kompliziert und die Gelder gehen meist an einen kleinen, ausgewählten Empfängerkreis.

- Braindrain und Selbstausbeutung
Daher verlassen viele Talente das Land oder die Branche und gehen dorthin, wo das Geld tatsächlich herkommt. Lukrative Projekte werden im Ausland realisiert. Kapital wandert ab.

- Niedriges Pro-Kopf-Einkommen
Eine große Zahl der Einwohner ist unterbezahlt oder arbeitslos. Wenn nur geringe Aussicht auf Verbesserung besteht, verstärkt

dies das Phänomen Brain-Drain. Es herrscht "Durchhalte-Mentalität" und ein Hang zu Illusionen bei den Übrigen.

- Schlechte Ausbildungskultur

Geringe Verdienstmöglichkeiten bringen es mit sich, dass die Professionalisierung der Berufe im internationalen Vergleich zu langsam voranschreitet. Ökonomische Allgemeinbildung ist auf einem niedrigen Stand, was zu ruinösen Projekten führt.

- Barter anstatt Cash

Deals qua Gefälligkeit, Barter-Geschäftte, Bezahlung mit Naturalien oder Gegenleistungen, oder auf Rückstellung sind verbreitet, daher bleiben selbst engagierte Unternehmen umsatzschwach und können keine eigenen Budgets aufbauen.

- Fehlender Mittelstand

Ein gesunder Mittelstand, dessen Unternehmen sich nicht von Projekt zu Projekt hangeln müssen um zu überleben, fehlt weitgehend. Die Zahl von verschuldeten Einzelkämpfern und wirtschaftlich schwachen Kleinstunternehmen ist hoch.

- Trampelpfade

Dies führt dazu, dass Unternehmen keine Chance haben, innovative Produkte auf den Markt zu bringen. Trotz einzelner, ständig erwähnter Erfolgsgeschichten bleibt die durchschnittliche Qualität der heimischen Produkte hinter dem globalen Wettbewerb zurück.

- Imitation statt Innovation

Die Kreativen Köpfe der Branche übernehmen Ausdrucksweisen, Techniken und Stilmittel der fortschrittlicheren Länder und setzen sie nachahmend um.

Evolution von Geschichten und Figuren

Während Bücher, Lieder oder Gemälde über die Epochen hinweg vom Format her immer mehr oder weniger gleichförmig geblieben sind, hat sich der Film gleich mehrfach neu erfinden lassen, wobei viele Entwicklungsstufen, wie etwa der Farbfilm, viel früher technisch möglich waren als allgemein bekannt ist.

In den ersten zwei Dutzend Jahren des 20. Jahrhunderts dominierten "historische" Figuren aus Geschichte, Literatur und Religion wie Cleopatra, Hagen von Tronje, Holofernes, Sherlock Holmes und der Golem. Gleichzeitig jedoch waren bereits alle Genres und Typen von Schurken, die in späteren Jahrzehnten zur Blüte kommen sollten bereits angelegt: Vampire, Zauberer, verrückte Wissenschaftler, Hexen, Roboter, Außerirdische und Revolverhelden. Die Reise zum Mond von Jules Verne beispielsweise wurde 1902 verfilmt und gilt als Auftakt der Science-Fiction, mit Spezialeffekten und aufwändigem Kulissenbau. Raumschiffe begleiten seitdem jedes Jahrzehnt der Filmgeschichte.

Einerseits ist dies mit dem enormen Schatz an bestehenden literarischen Stoffen zu erklären, der nur darauf wartete, von dem neuen Medium in immer länger werdenden Filmen aufgegriffen zu werden. Es kamen auch neue, eigens für den Film erfundene Antagonisten hinzu, wie etwa Dr. Caligari oder das Dracula-Derivat Nosferatu. Was den Unterschied von Antagonisten und Protagonisten betrifft, so ist besonders die späte Stummfilmzeit, die Jazz-Epoche, besonders eindeutig gewesen, sowohl im Hinblick auf das Produktionsdesign als auch auf den Plot.

Die Trennung zwischen Gut und Böse ist in vielen Fällen nahezu absolut, ganz im Gegensatz zu den Werken, die nach der Erfindung der Anti-Helden entstanden, doch kennt auch die Zeit bis 1929 solche Figuren, die irgendwie zwischen den moralischen Welten stehen, wie zum Beispiel der Revolverheld *Blaze Tracy*, der sich vom

Killer zum Beschützer mausert. Man kann sagen, dass die frühe Zeit des Films von großen Stoffen dominiert wurde, von literarischen Vorlagen und dass die frühen Werke noch unter dem Einfluss der Oper standen, was den kommerziellen Interessen der sich entwickelnden Hollywood Studios zugute kam. Dennoch blieb das Radio Massenmedium Nummer eins.

Ein besonderes Genre ist dieser Epoche eigentümlich, nämlich der Slapstick in seiner stummen Gestalt - Stan Laurel und Oliver Hardy, Buster Keaton und Charly Chaplin begannen ihre Karrieren in diesen Jahren. Harpo Marx ist als letzter Vertreter der stummen Komik zu nennen, als der Tonfilm längst zur dominanten Kunstform aufgestiegen war. Allenfalls wäre Mr. Bean zu nennen, der sich, zumindest halb-stumm, der Tücke des Objekts entgegen stemmt. Im Zeichentrickfilm ist die Tradition des stummen (oder zumindest nicht-sprechenden) Charakters bis heute weiter lebendig geblieben.

Die Jahre nach der großen Depression und die Prohibitionszeit brachten dem amerikanischen Gangsterfilm erhebliche Popularität. Zwar hatte es auch schon in den Zwanziger Jahren Gangsterfilme gegeben, doch die tatsächlichen Entwicklungen in Städten wie Chicago und New York brachten es mit sich, dass die Filmbranche reagierte und die Anregungen des realen Lebens aufgriff.
Die Dreißiger Jahre haben *King Kong* hervor gebracht, eine der sehr wenigen titelgebenden Film-Figuren, die nicht auf einer Romanvorlage basieren. Während das deutsche Kino mit Heinz Rühmann und Hans Albers seine letzten Sternstunden vor dem Niedergang im Zuge des Zweiten Weltkrieges erlebte, sah das amerikanische Filmschaffen eine neue Generation von Mega-Stars, die unter dem so genannten *Hays Code* strengen zensorischen Vorgaben folgen mussten. Trotz der Zensur, oder vielleicht auch deswegen, stellen die Dreißiger Jahre den Beginn der Goldenen Zeit Hollywoods dar. Die Zensur trug mit dazu bei, dass das einstmals verachtete Kino

sich vollends mit massentauglichen Produktionen als Faktor akzeptierter Freizeitbeschäftigung Im prüden und teils bigotten Amerika dieser Zeit etablieren konnte. Der kommerzielle Effekt auf die Filmindustrie war enorm.[2]

Der Tonfilm und die Vereinheitlichung der Wertschöpfungskette der Filmproduktion brachte eine ganz neue Art von Star hervor, der weniger Mime war als vielmehr "Celebrity" oder "Prominenz" im modernen Sinn. Der Expressionismus mündete in den *film noir*, die Slapstick-Streifen der Zwanziger Jahre fanden ihre Nachfolger in den Musical Comedies der Marx Brothers und den irrwitzigen Abenteuern des W.C. Fields. Große Antagonisten des Jahrzehnts sind Lola Lola aus "Der Blaue Engel", Frankensteins Monster, Hans Beckert aus "M"; Dr. Mabuse, Sweeney Todd, Rupert von Hentzau und Josef Paine.

Der Zweite Weltkrieg führte das Genre des Kriegsfilms wieder in den Fokus riesiger Zuschauermengen zurück. Streifen wie "Casablanca" und "Der Dritte Mann" beschäftigen sich mit der Frage von Schuld oder Unschuld, Courage, Überlebenswillen und ethischer Integrität. Dennoch sind die Vierziger Jahre - im Hinblick auf die Antagonisten - vor allem ein Jahrzehnt des Gangsterfilms und des aufblühenden Trickfilms, der von der Kombination aus Farbe und Ton ganz besonders profitierte. Das Jahrzehnt brachte Schurken hervor wie Mrs Danvers aus *Rebecca*, den Wolfman Larry Talbot, Heinrich Strasser und Martha Brewster.

Die Zäsur des Jahres 1945 mit all ihren Schrecken, wie der militärischen Anwendung der Atombombe, dem Beginn des Kalten Krieges durch die Berlinblockade und der Erkenntnisse der Nürnberger Prozesse führte in den Fünfziger Jahren einerseits dazu, dass eskapistische Stoffe wie die *Schatzinsel* besonderen Zuspruch erfuhren, andererseits waren die Fünfziger Jahre von heute kaum gewürdigten sozialen Umbrüchen geprägt, wie etwa der Einführung des Fernsehens, dem Beginn der Raumfahrtforschung und den ersten Versuchen in Sachen 3D-Kino.

Die großen Jahre des Billy Wilder und des italienisch-südfranzösischen Jet Set brachten erhebliche emanzipatorische Schritte mit sich - vor allem im Hinblick auf das vergangene, kriegerische und ideologische Jahrzehnt. Durch die relative wirtschaftliche Stabilität in den westlichen Ländern und die damit verbundene Vergrößerung der Mittelschichten vergrößerte sich auch die Zahl der regelmäßigen Kinogänger erheblich. Dies schlug sich insbesondere in höheren Produktionsbudgets nieder, aber auch in einer zunehmenden Zahl von Filmproduktionen insgesamt. Die Kinotheater wurden ebenfalls größer und eindrucksvoller; die große Zeit des Popcorn und der Cola als weltweites Phänomen begann.

Große Film-Schurken des Jahrzehnts sind Kaiser Nero aus Quo Vadis, Frank Miller aus High Noon, die Marsianer aus Krieg der Welten und die Schurken der ersten richtigen Spaghetti Western sowie die riesigen Kaiju Monster aus Japan, eine Reaktion auf die Gefahren der atomaren Kriegführung. Der Ruf der Fünfziger Jahre als Zeit der Stagnation und sozialen Enge kann im Hinblick auf das Filmschaffen jener Jahre nicht aufrechterhalten werden: Technikbegeisterung, Wohlstand und Innovationsfreude bestimmten die Industrie. Science-Fiction Stoffe erreichten im Vorfeld der ersten Mond-Missionen, aber auch im Zuge des Sputnik-Schocks und der Angst vor einem Atomkrieg und radioaktiver Strahlung enorme Popularität.

Auch die Sechziger Jahre haben mit dem Jahr 1968 eine kulturell-soziale Zäsur zu verbuchen, die jedoch im Ausschlag geringer ausfiel als die Umbrüche der technisch hoch innovativen Fünfziger Jahre, als der Laser entwickelt wurde, die Film-Waffe *par excellence* oder das Computer Modem und der Chip. Musikalisch können die beiden Jahrzehnte als Glanzzeit bezeichnet werden: Elvis Presley, die Beatles, Rolling Stones, die Beach Boys und viele weitere Superstars begannen ihre Karrieren in diesen Jahren. Entsprechend große waren dann die Einflüsse auf den Musikfilm. Zu erwähnen sind die Erfindungen der Musik-Kassette, die ersten Computerspiele, die

Acrylfarbe und weiche Kontaktlinsen - wertvolle Hilfsmittel für Kostümwesen und Kulissenbau.

Mit Blick auf die Antagonisten des Jahrzehnts sind die Namen Norman Bates aus Psycho und Dr. Mabuse festzuhalten, die Morloks aus der Zeitmaschine und Sylvester J. Pussycat; Dr. No; Rosa Klebb, Gamera, Mrs Robinson, Shere Khan und der Bordcomputer HAL.

Im Reigen der Filmjahrzehnte haben die Siebziger Jahre (neben den Zwanziger Jahren) wahrscheinlich die härtesten Schurken hervorgebracht, was angesichts der Abwesenheit von Ur-Katastrophen wie dem Zweiten Weltkrieg während der Dreißiger und Vierziger Jahre die Frage aufwirft, in welchem Zusammenhang Weltpolitik und Filmschaffen zueinander stehen. Ohne Zweifel jedoch ist die Abschaffung des so genannten *Hays Code* (und damit verbunden das Ende der direkten Zensur) als Hauptfaktor für die zunehmende Drastik auf der Leinwand zu nennen.

Große Schurken des Jahrzehnts sind Scorpio aus Dirty Harry, Truck Driver aus Duel, Leatherface, Robert Rusk aus Frenzy und Alex DeLarge aus Clockwork Orange. Die Härte, mit der die Verbrechen dieser Antagonisten dargestellt wurden, ist filmhistorisch ohne Beispiel.

Die Siebziger Jahre haben außerdem Schurken aus Fernost nach Europa und Amerika geholt, hauptsächlich bewirkt durch den in seinem Einfluss kaum zu überschätzenden Bruce Lee, dessen *Enter the Dragon* eine neue Ära einleitete - weit über Bollywood und Hong Kong hinaus. Mit dem Jahrzehnt zwischen 1970 und 1979 beginnt die Zeit der Martial Arts auf der Leinwand, die sich auf alle Genres und die Ansprüche des Publikums an Kampfszenen massiv auswirkte.

Mit Superman, Alien, Star Wars und Battlestar Galactica erlebte der Science-Fiction einen Quantensprung, sowohl was die Spezialeffekte als auch was die Serialisierung der Stoffe betrifft. Kulturgeschichtlich bedeutsam ist auch der Einzug der "Drogen" als Thema im Film. Die letzte große Drogenwelle der westlichen Welt hatte zur Stummfilmzeit und davor stattgefunden, als Opium, Heroin und andere hochwirksame Betäubungsmittel legal und ohne großen Aufwand in Apotheken zu kaufen waren. Die Siebziger Jahre, vor allem nach dem Ende des Vietnamkrieges, brachten eine ähnliche Schwemme von Substanzen in die westliche Welt, allerdings diesmal in ihrer illegalen Gestalt. Haschisch, LSD, Kokain und Heroin zogen nicht nur als Statussymbol kreativer Macher in die Filmwelt und Musikindustrie ein, sondern, dadurch freilich bedingt, auch in die Drehbücher. Was in den Zwanziger und Dreißiger Jahren der Alkoholschmuggler war, in den Vierziger und Fünfziger Jahren der Medikamentenschieber, war in den Siebziger Jahren der Drogendealer, Gestalten am Rande der Gesellschaft, gewaltbereit, kriminell und zumindest in Teilen hoch organisiert, was sie zu idealen Schurken und Antagonisten macht, wie zum Beispiel Don Vito Corleone und seine Söhne aus Godfather. Wichtige mediale Erfindungen der Siebziger Jahre sind die Floppy Disk, LCD, VCR und der Wordprozessor, Ethernet, Laserdrucker und der Walkman.

Die Achtziger Jahre als das goldene Jahrzehnt der TV-Serien (wie Magnum, Fall Guy, V, Black Adder, Die Simpsons) waren auch das Jahrzehnt der massiven Überbewaffnung auf der Leinwand - dies spiegelte in mehr als einer Hinsicht das Ende des Kalten Krieges wider. Die Jahre zwischen 1968 und 1989 waren geprägt von schriller Mode, extravaganten Frisuren und einem kulturellen Mix aus Punkrock und Disco. Gleichzeitig stellen die Achtziger Jahre einen weiteren wichtigen Abschluss dar, nämlich den Höhepunkt der mechanischen Spezialeffekte (Die Unendliche Geschichte) vor dem Eintritt der CGI. Auch die Darstellung des nackten menschlichen Körpers erfuhr einen Quantensprung, was sich in der Einführung des PG 13 niederschlug, einer Differenzierung der bis dato üblichen Trennung zwischen R und PG: Fatal Attraction, Body Heat und Blue Velvet sind hier zu nennen.

Aus der Kombination verschiedener Genres zu Blockbustern sind große Schurken entstanden: Thulsa Doom aus Conan, das Master Control Program aus Tron, Khan Noonien Singh, Zuul, Terminator,

Bernardo Gui aus dem Namen der Rose. Das Ende des Kalten Krieges und der Zusammenbruch der Sowjetunion lenkte dann das Augenmerk von Autoren und Regisseuren auf alte Feindbilder zurück, wie Kurt Dussander und Amon Göth oder andere alte und neue Nazis. Gleichzeitig entstand mit Hannibal Lecter, Blade, Miguel Bain, Raymond Reddington, Castor Troy und Keyzer Soze eine Renaissance des Schurken in einer Hauptrolle. Mit Miramax, Lions Gate und New Line begaben sich neue Player auf den Markt und verhalfen dem Independent Film zu neuer Energie.

Wesentliche Innovationen, die einer breiten Masse zugänglich wurden, waren der Personal Computer und das Funktelefon. Beides brachte erhebliche Konsequenzen für das Drehbuchschreiben mit sich. Computer waren nun nicht länger ein Statussymbol von Institutionen allein. Die Figur des jugendlichen Hackers entstand. Mit dem Mobilfunk eröffneten sich neue Freiheiten und Zwänge des Storytelling.

In den Achtziger Jahren entstanden die ersten Apple Computer, die CD-ROM, der Begriff Virtual Reality, die ersten 3D Computerspiele und digitale Mobiltelefone. Die Neunziger Jahre brachten das World Wide Web, die DVD und das Web TV, die Computersprache Java und HTML.

Der enorme Anstieg der Produktionsbudgets von Blockbustern aber auch die neuen Vertriebswege von filmischen Inhalten via Internet hatten einen auffällig geringen Einfluss auf die erzählten Inhalte der ersten Jahre des neuen Jahrhunderts. Während das Feuerwerk aus CGI und Produktionsdesign bis heute immer größer wird, bleiben die uralten Genres Science Fiction, Western, Fantasy und Horror und dergleichen seit dem Beginn der Filmgeschichte bemerkenswert stabil. Daran ändert auch die Renaissance des 3D Kinos wenig.

Große Schurken dieser Jahre sind Patrick Bateman, Magneto, Lord Voldemort, Eli Damaskinos, die Terminatrix, Jean Baptiste Grenouille, Prince Nuada aus Hellboy und der Joker. Kulturgeschichtlich relevant ist das Erstarken von Sequels (und Prequels) zu bestehenden Stoffen und damit die Reihung von Filmen zu kompletten Sets von Geschichten wie im Fall der Harry Potter Serie, der Herr der Ringe, Pirates of the Carribean, Shrek, Toy Story und Iron Man. Im Hinblick auf die dramaturgische Evolution von Antagonisten ist das Erstarken der Sequels kaum zu überschätzen, sowohl was die Entwicklung der einzelnen Marken betrifft, als auch die Erwartungen der Zuschauer, deren Geduld mithin stark strapaziert wird, wenn an sich kleine Geschichten wie der Hobbit auf drei filmische Teile ausgedehnt werden, die im Jahresabstand publiziert werden.[3]

Im Hinblick auf die Verbreitung von Filmen ist das so genannte Web 2.0 zu nennen, also das multimediale Internet mit bewegten Bildern, Youtube, IMDB, Google, Wikipedia, Facebook und Twitter verändern nicht nur das Recherchieren und Drehbuchschreiben und Karrierenbildung von Schauspielern sondern auch Marketing und Vertrieb von fertigen Filmen, Web-Serien und Video-Blogs. Gleichzeitig wurden Kameras und Software für die Postproduktion immer günstiger, so dass Videos in HD bereits mit kleinen und kleinsten Geräten produzierbar wurden. Der Begriff des Low-Budget-Films erfuhr damit einen Bedeutungswandel, der bis heute anhält.

Von medientechnisch wichtigen Erfindungen sind der iPod, das iPhone und die damit verbundenen Apple-Produkte, Kamera-Mobiltelefone, Skype, CNET, Youtube, Wii, Kindle und Blu-Ray. Die Profite der amerikanischen Computerspielbranche übertrafen zum ersten Mal die der US-Filmindustrie.

Verbotene Geschichten

Zu allen Zeiten wurden Versuche unternommen, Geschichten, die nicht ins gegenwärtige Gesellschaftsbild passten zu verbieten. In seinem Werk "Die Republik" argumentierte Platon, dass jede Kunstform, die danach strebt, das Leben abzubilden, also alle darstellenden Künste, zwangsläufig zu Unglück und Ungerechtigkeit führen. Er begründete dies damit, dass nur das Original einer Sache Erkenntnis mit sich bringe. Er sprach sich eindeutig für eine staatliche Zensur von Schriftstellern, insbesondere Homers, aus. Homer habe, so Platon, die Götter als zu menschlich dargestellt. Ferner monierte er den schlechten Einfluss der Dichter auf die Moral der Truppen, etwa, wenn in Gedichten das Leben nach dem Tode angezweifelt oder als wenig erstrebenswert dargestellt werde. Er monierte auch die Tatsache, dass komische Dichtungen sich mit den niederen Instinkten der Menschen befassten. China und das Alte Rom kannten die Zensur bereits Jahrhunderte vor unserer Zeitrechnung.

Bis heute haben sich die Argumente der Befürworter von wenn auch gemäßigter Zensur kaum verändert. Sie alle räumen ein, dass Werke der Literatur eine enorme Macht darstellen kann. Als Begründung für Zensur wird die Sorge um die ethisch-moralische Gesundheit einer Gesellschaft angeführt. Zensur kann dabei mehrere Formen annehmen. Die härteste Form der Zensur ist die Ermordung, Inhaftierung oder Verurteilung von Autoren. Salman Rushdie wurde für seinen Roman Die Satanischen Verse von muslimischen Autoritäten zum Tod verurteilt. Der Philosoph Sokrates wurde für seine freigeistigen Dialoge zum Tod verurteilt.
Bücher wurden zu allen Zeiten verbrannt. Die Bibliothek von Alexandria, die Scheiterhaufen der Inquisition und die Bücherverbrennung auf der Wartburg oder die groß angelegte Bücherverbrennung im Dritten Reich sind nur einige Beispiele für eine uralte kulturelle Institution, nämlich die symbolische Vernichtung von Ideen,

so wurde etwa die Geschichte des Wilhelm Tell im späten Achtzehnten Jahrhundert in der Schweiz verbrannt. Im Kanton Uri vertraten Aktivisten die Ansicht, dass die Geschichte frei erfunden und damit schädlich für das Empfinden der Jugend sei. Bücher in Blindenschrift, Bücher von Voltaire, verschiedene und konkurrierende Versionen der Bibel, Tora und des Koran wurden verbrannt, ebenso ganze chinesische Bibliotheken unter japanischer Besatzung und kurdische Bücher im Iran; Senator McCarthy verbrannte kommunistische Literatur, ebenso wie Stalin Titel von jüdischen Autoren verbrennen ließ. Revoltierende Studenten in Deutschland verbrannten 1968 Werke der Springer Presse, religiöse Fundamentalisten in den USA Schallplatten der Beatles und Ausgaben der Harry Potter Serie. Einige Autoren, darunter Kafka, Emily Dickinson und Vergil verfügten testamentarisch die Verbrennung ihrer eigenen Werke.

Eine weitere Form der Zensur besteht im einfachen Verbot. Der Vatikan erstellte in der frühen Neuzeit einen *Index Librorum Prohibitorum*, ein Verzeichnis der verbotenen Bücher. Titel aus dieser Liste werden in so genannten "Gift-Schränken" aufbewahrt. Auch Hochschulen verfügen über Giftschränke. Dort werden jedoch in der Regel Abschlussarbeiten prominenter Absolventen gelagert. Sämtliche akademischen Schriften des Abendlandes benötigten für ihr Erscheinen über Jahrhunderte hinweg das Einverständnis der Kirche. Für Lateinamerika galten unter spanischer Herrschaft strenge Importregeln für Bücher, in deren Zuge viele Bücher vernichtet wurden, darunter Darstellungen des Lebens der Ureinwohner. Bis heute ist die Post in manchen Ländern ein zentraler Filter für den Versand von Büchern und Zeitschriften. Bis 1990 gestattete die DDR keine Einfuhr von westlichen Druckerzeugnissen.
Verboten wurden bei Erscheinen Bücher wie "Die Abenteuer des Huckleberry Finn" von Mark Twain (1885), der Film, "Manche Mögen's heiß", von Billy Wilder und die "Memoiren der Josefine Mutzenbacher".

Eine nächste Form der Zensur besteht darin, Werke zu redigieren, also bestimmte Stellen zu schwärzen oder zu verändern, wie im Fall des Films Casablanca, der in Deutschland gekürzt und verändert in die Kinos kam. Bezüge zum Dritten Reich wurden herausgenommen. In der Bundesrepublik Deutschland galten für die Jahre nach dem Krieg nicht nur die Bestimmungen des Grundgesetzes, sondern auch die Vorgaben des Alliierten Kontrollrates. Nach dem Zweiten Weltkrieg wurden rund 30.000 Titel verboten, darunter viele nationalsozialistische und kommunistische Werke, später auch Schriften der RAF.

Eine indirekte Stufe der Zensur ist die Anfeindung des Werks in den Medien und die gesellschaftliche Ächtung von Autoren - oder zumindest der Versuch. Man kann mit Nassim N. Taleb die Ansicht vertreten, dass solche Unterfangen und die daraus resultierenden Skandale den meisten Schriftstellern im Hinblick auf ihre Karriere früher oder später dienlich waren. Die vierte Stufe der Zensur ist die so genannte Selbstzensur. Autoren entscheiden sich, ihre Werke umzuarbeiten oder ganz zu unterdrücken. Der Kinderbuchautor Otfried Preussler etwa stimmte einer Neufassung eines seiner Titel zu, um inzwischen problematisch gesehene Begriffe zu vermeiden. Selbstzensur ist vor allem im Journalismus ein Thema. Journalisten entscheiden sich aus unterschiedlichen Gründen, eine Story zu unterdrücken. Angst vor Repressalien ist der häufigste. Der PEN Club engagiert sich weltweit für die Rechte inhaftierter und verfolgter Autoren. Der "Club" ist eine der ältesten Menschenrechtsorganisationen der Welt.

Umstritten, indiziert und redigiert

Titel, die hierzulande verboten, oder zwangseditiert wurden, sind zahlreicher als man denkt. Die Meinungsfreiheit stößt immer wieder an ihre Grenzen, sobald die so genannten Sitten betroffen sind. Aus heute oftmals kaum mehr nachzuvollziehenden Gründen wurden unter anderem verboten, bzw. auf diverse schwarze Listen gesetzt.

- Josefine Mutzenbacher
- Film "Manche mögen's heiß"
- Film "Casablanca"
- Mephisto - Roman einer Karriere
- Musical "Hair"
- Lola - Erotische Variationen
- Die verlorene Ehre der Katharina Blum
- Zeitschrift "Bravo"
- Song "Jeanny"
- Computerspiel "Counterstrike"
- Esra
- Interview mit einem Kannibalen
- Ende einer Nacht

Thematisch hat sich der Fokus der Zensur über die Jahrzehnte hinweg gewandelt. Waren in den Fünfziger Jahren vor allem Themen der Sexualität und des Totalitarismus Grund für Debatten darüber, ob ein Buch verboten werden sollte, so sind heute insbesondere Persönlichkeitsrechte von Geschilderten im Blickpunkt. Man kann darüber streiten, ob beide in gleicher Weise "Zensurbestrebungen" zu nennen sind oder ob man weiter differenzieren muss.

Zensiert oder verboten wurden auch "Brave New World" und die "Grapes of Wrath" - beides heute klassische Bestandteile von Lektürelisten in Schulen. American Psycho und Lolita werden vielleicht noch eine Weile auf den Status *'allseits anerkannt'* zu warten haben, ähnlich wie der "Wendekreis des Krebses", ein Buch, das nach wie vor entschiedene Gegner hat. George Orwell hielt das Werk für eines der wichtigsten der Dreißiger Jahre. Kritisiert und für gefährlich oder schädlich gehalten wurden unter vielen anderen auch folgende Erfolgstitel: Harry Potter, The Color Purple, To Kill a Mockingbird, Bridge to Terebitha, A Time to Kill, A Prayer for Owen Meany und die Teletubbies.

Literaturangaben

[1] Braun, Edith. Geheimsache Max und Moritz. Saarbrücken 2005.

[2] American capitalism finds its sharpest and most expressive reflection in the American cinema.
Sergei Eisenstein Film form. S.196.

[3] *Das eben ist der Fluch der bösen That, dass sie fortzeugend immer Böses muss gebären.*
Friedrich Schiller, Piccolomini, V. 1

[4] Malcolm Gladwell hat in seinem Buch "David und Goliath - Underdogs, Misfits, and the Art of Battling Giants" die These aufgestellt, dass auch im realen Leben es häufig Waisen oder Halbwaisen sind, die besondere Biographien erleben und besondere Leistungen vollbringen.

[5] Sebastian Haffner, Wolfgang Venohr: Preussische Profile. 2. Auflage. 2001.

[6] Nigosian, Solomon, The Zoroastrian Faith: Tradition and Modern Research, McGill-Queen's University Press, S. 34.

[7] Vgl. Propp, Wladimir, Morphologie der Volksmärchen, 1928.

[8] Smillie, Dirk. "The Highest Paid Authors"Forbes am 19. August 2010